Grundschule

Gabriela Rosenwald

Lapbooks

Natur & Lebensraum

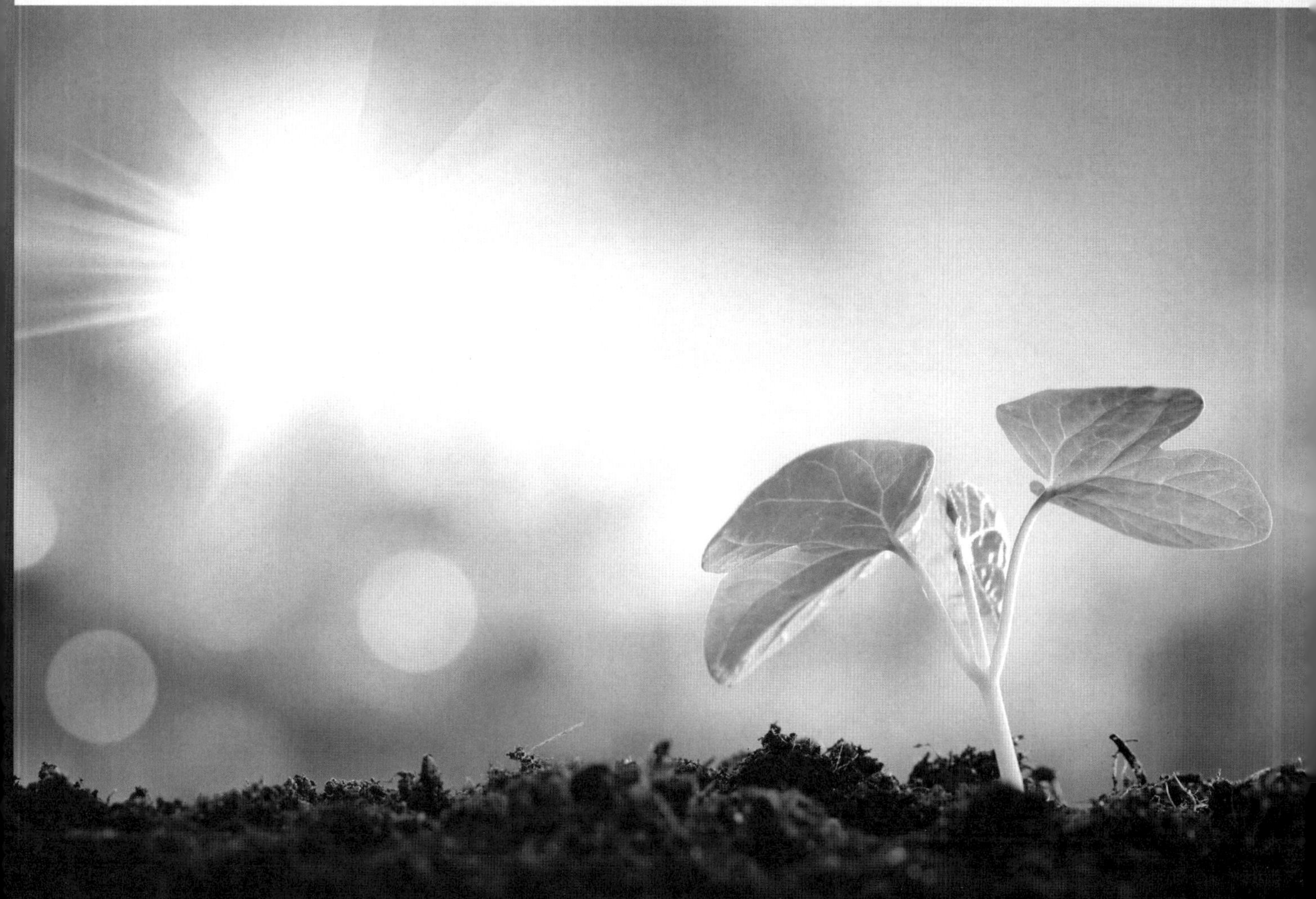

Naturwissenschaftliche Themen kreativ erarbeiten

www.kohlverlag.de

Lapbooks Natur & Lebensraum

Naturwissenschaftliche Themen kreativ erarbeiten

1. Auflage 2024

Idee und Text: Gabriela Rosenwald
Coverbilder: © Li Ding – AdobeStock.com
Redaktion: Kohl-Verlag
Grafik & Satz: Kohl-Verlag
Druck: Druckerei Flock, Köln

Bestell-Nr. 12 880

ISBN: 978-3-98558-286-0

Bildquellen: © AdobeStock.com

S. 5: Good Studio; **S. 6:** godesignz; **S. 8:** Happypictures; **S. 9:** jamenpercy, ii-graphics (2x); **S. 10:** belov3097, Natalia, Anton; **S. 11:** happydesign (2x); **S. 12:** MicroOne; **S. 14:** janmiko, Tamme, vadim.nefedov, jura_taranik; **S. 15:** insima (5x), agaes8080 (6x), makar; **S. 17:** LadadikArt; **S. 18:** 3drenderings (2x); **S. 19:** DLC Studio; **S. 20:** musri, indomercy, Olga Che, Gpbolde, agaes8080 (2x), Sandris_ua, egorka87; **S. 21:** behzadillustrations, robu_s; **S. 22:** Silver (2x), aussieanouk, Paul Pouders Danita Delimont; **S. 24:** VectorMine; **S. 25:** cceliaphoto, frank29052515, akhenatonimages, Volodymyr Shevchuk; **S. 26:** jjuncadella, vitanovski, Michaela Begsteiger; **S. 27:** GraphicCompressor; **S. 28:** Hendra, Tanya Hendel, KOLA STUDIO, karlo54, Hunta, EcoView; **S. 30:** sabelskaya; **S. 31:** Iryna, agaes8080, Lunstream, Visual Content; **S. 32:** agaes8080, Lubo Ivanko, Екатерина Якубович, Rina Antipina, mikailain, Екатерина Якубович; **S. 33:** aksol; **S. 34:** Mat Hayward; **S. 35:** OIPhoto, rustamank, Michal, Brayden, ANAS, parindya; **S. 37:** AnnstasAg, anitapol; **S. 38:** VectorMine, 2rogan; **S. 39:** Евгений Горячев; **S. 40:** 2rogan, jomphon, Kimo; **S. 42:** maggiw, Hgalina, vvoe, Lucky Dragon, IreneuszB; **S. 44:** chittakorn; **S. 45:** Maxal Tamor, Dionisvera, sasapanchenko, Marek Kosmal, womue, Wolfilser, photocrew; **S. 46:** Kate K, Innese, Ideanab; **S. 47:** agaes8080, Black Spring, ACE STEEL D, honeyflavour; **S. 48:** deny, Igor Zakowski, muuraa, Iuliia; **S. 49:** sema_srinouljan, funkenzauber; **S. 50:** Zafer; **S. 51:** aluna1, Rudzhan, StockVector; **S. 52:** Steve Simons, diegograndi, gudkovandrey, Racamani, milosk50, Ars Ulrikusch, Tatiana Kashko, Harry Collins, Chris, Honza Hejda, Stan, Johannes Jensås; **S. 53:** bennytrapp; **S. 54:** VectorMine, brgfx; **S. 55:** asantosg; **S. 59:** ii-graphics (3x); **S. 60:** designer_an; **S. 61:** quickshooting, Robert, Schlesier, Rabi Mérizak, Fabio Caironi; **S. 62:** PIXATERRA, Francheska, Helen Davies, Bittner KAUFBILD_de; **S. 63:** Kamil, EwaStudio, Marcel Schauer, Adrian Berger; **S. 64:** alekuwka83; **S. 65:** JoDie Zara, Wire_man, Stephen VanHorn, kelehem, jnjhuz, Oleg Kovtun; **S. 66:** Kazakova Maryia

Bildquellen: © wikipedia frei

S. 23: Robert Peary_Christie's; **S. 34:** Ferdinand Reus; **S. 35:** Carnby; **S. 50:** Dieter Kasang (3x); **S. 56:** Wamito (3x); **S. 57:** CIA, CIA World Factbook; **S. 59:** NordNordWest (2x)

Inhalt

Inhalt

Vorwort

Das Arbeitsheft ist vorgesehen zum Einsatz in der Grundschule in den Klassen 3 und 4. Die Arbeitsblätter enthalten Bastelvorlagen zum Thema „Natur & Lebensraum". Optimales Freiarbeitsmaterial zum selbstständigen Arbeiten!

Im Sachunterricht sind die Kinder immer bereit zu basteln, und dafür eignen sich Lapbooks ganz hervorragend. Bereits beim Ausschneiden und Zusammenkleben der Teile wie Taschen für Kärtchen, kleine Mäppchen zum Aufklappen ... sind einerseits Geschicklichkeit, aber auch Nachdenken erforderlich, z. B. müssen Merksätze und Zeichnungen ergänzt werden. Die Schüler/innen machen dabei erste Bekanntschaft mit der Naturwissenschaft.

Jeder kann sein eigenes Lapbook gestalten – über etwas ganz wichtiges, das er deshalb auch gern aufhebt und stolz anderen zeigt. Er bastelt und gestaltet sich damit einen kleinen eigenen anschaulichen „Wissensraum" über das, was für alle Lebewesen unentbehrlich ist.

Viel Freude und Erfolg wünschen

der Kohl-Verlag und

Gabriela Rosenwald

Lapbooks Natur und Lebensraum
Naturwissenschaftliche Themen kreativ erarbeiten – Bestell-Nr. 12 880

Arbeitspass

Name: ______________________________

Klasse: ____________

Seite	Thema	begonnen	erledigt

KOHL VERLAG Lapbooks Natur und Lebensraum
Naturwissenschaftliche Themen kreativ erarbeiten – Bestell-Nr. 12 880

Materialliste, Lapbook basteln

Was brauchst du für 1 Lapbook?

- Schere, für runde Formen evtl. eine Nagelschere
- Klebstoff
- 1 Papiermappe oder 1 buntes DIN A3 Papier
- Verschiedene Stifte, z. B. Bunt-, Faser-, Wachsmalstifte (+ weißer Stift)
- Büroklammern
- 1 Klarsichthülle (um angefangene Papierteile sicher aufzubewahren)
- Sticker, Stanzteile, Bilder ... alles, was zum jeweiligen Thema passt, zum Verzieren

So gestaltest du dein Lapbook

1. Variante

- Suche dir einen farbigen Fotokarton in der Größe DIN A3.
- Falte den Karton in der Mitte und klappe ihn wieder auseinander.
- Schon hast du ein Lapbook! Du kannst nun das Titelbild aufkleben und den Inhalt gestalten und einkleben. Überlege gut, bevor du den Innenteil befestigst.

2. Variante

- Nimm wieder einen farbigen Fotokarton (DIN A3).
- Falte den Karton in der Mitte und klappe ihn wieder auseinander.
- Falte nun die beiden äußeren Teile noch einmal zur Mitte. Nun sind 3 Knicke entstanden.

- Du kannst jetzt ein farbiges DIN A4 Blatt in die Mitte kleben. Dann klappst du die Seitenteile zu. Dein Lapbook ist fertig!
- Das Titelbild teilst du in der Mitte und klebst es auf.

Lapbook erweitern

Lapbook – Variationen

Wenn der Platz nicht reicht, weil du noch mehr erfahren hast oder einige Bilder einfügen möchtest: Dann wird dein Lapbook einfach erweitert!

Du kannst oben und unten, rechts und links weitere Klappen ankleben. Am besten klebst du die Klappen mit einem breiten Klebestreifen fest.

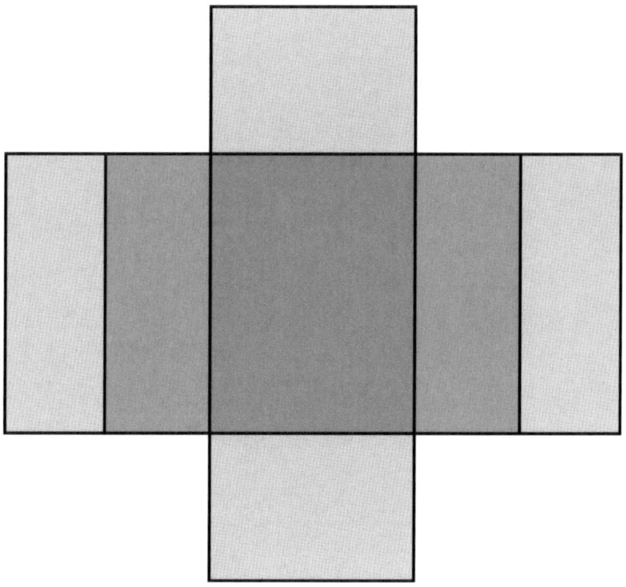

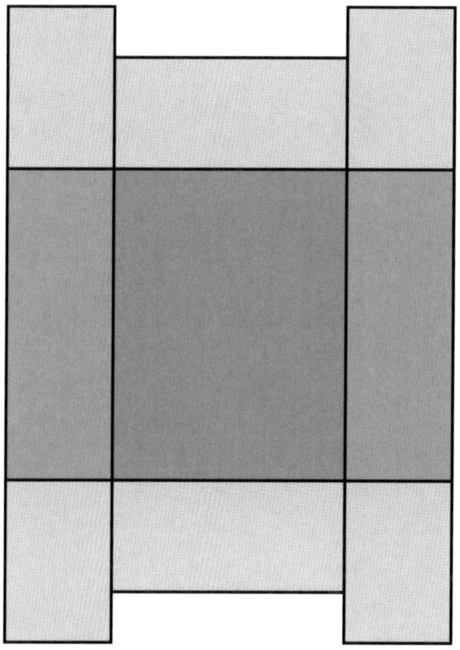

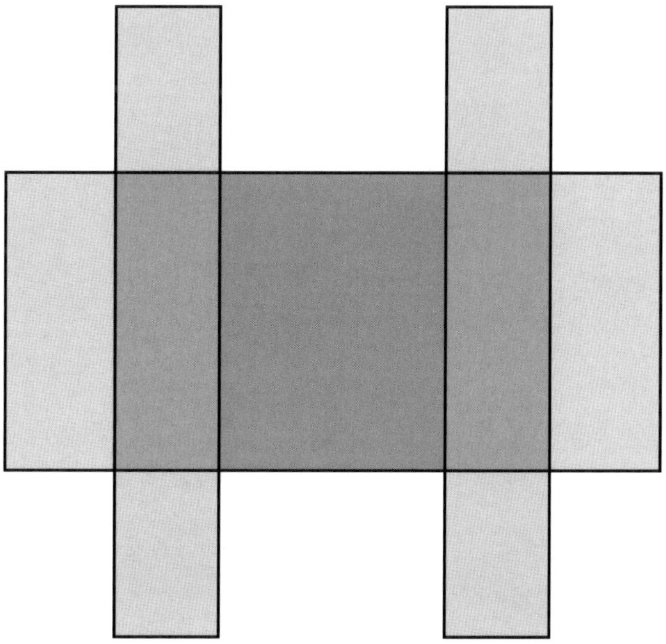

Lapbooks Natur und Lebensraum
Naturwissenschaftliche Themen kreativ erarbeiten – Bestell-Nr. 12 880

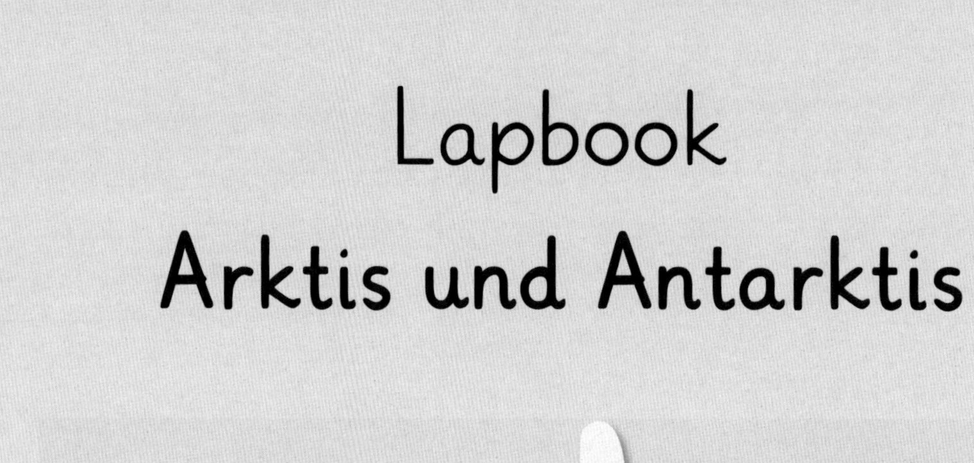

Lapbook
Arktis und Antarktis

Name: ______________________________

KOHL VERLAG Lapbooks Natur und Lebensraum
Naturwissenschaftliche Themen kreativ erarbeiten – Bestell-Nr. 12 880

Arktis und Antarktis

Schneide die Fahnen und die Kärtchen auf dieser und den folgenden Seiten aus. Ergänze die Texte und klebe sie passend hinter die Bilder. Hefte sie dann zusammen. In dem Umschlag auf Seite 12 kannst du sie aufbewahren. Klebe den Umschlag an dein Lapbook.

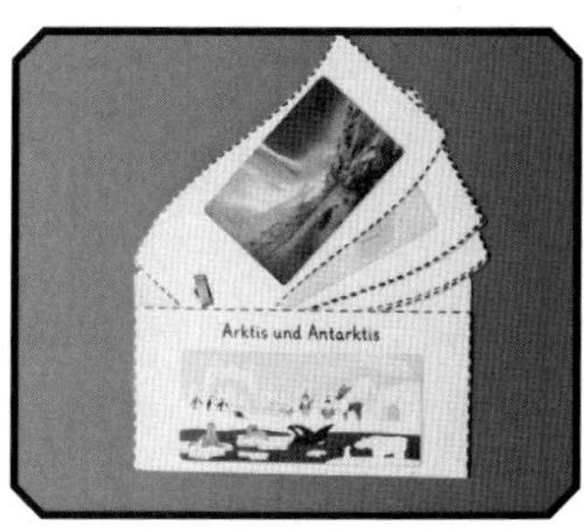

Arktis und Antarktis

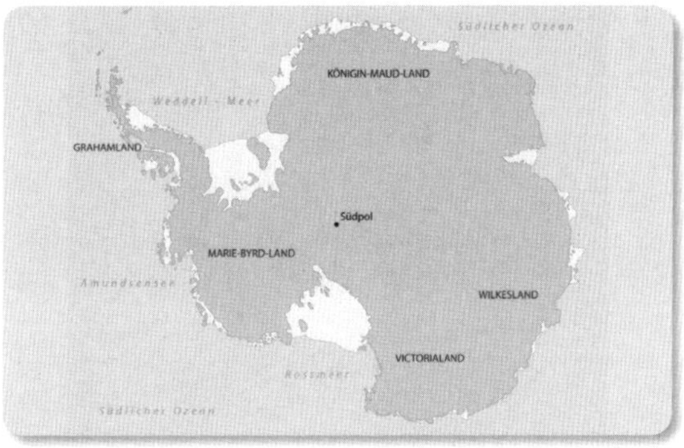

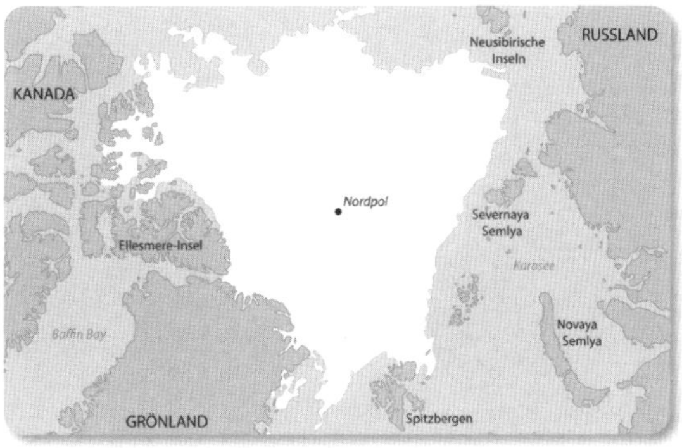

KOHL VERLAG Lernen mit Erfolg
Lapbooks Natur und Lebensraum
Naturwissenschaftliche Themen kreativ erarbeiten – Bestell-Nr. 12 880

Arktis und Antarktis

Arktis und Antarktis

Antarktis ist ein von __________ bedeckter und vom Meer (Südpolarmeer) umgebener Kontinent. Sie ist der ________________, trockenste und stürmischste aller Kontinente.

Polarlichter gibt es auf der Nord- und der ______________________ unserer Erde. Sie entstehen, wenn die Sonnenenergie durch den ______________________ auf die Erdatmosphäre trifft.

Arktis nennt man das Gebiet um den Nordpol, den ________________ Punkt auf der Erde. Dazu gehören Teile Grönlands, Norwegens, __________, Russlands, und der USA.

Die Antarktis ist der einzige Erdteil ohne ____________________, wenn man von den Forschern auf den Stationen absieht. Sie ist fast ____________ so groß wie Deutschland.

Das Nordpolargebiet umfasst das Nordpolarmeer. Am Nordpol gibt es kein ______. Weil es dort sehr kalt ist, befindet sich dort immer eine 1 – 4 m dicke ____________ auf dem Meer.

Die bekanntesten ____________ der Arktis sind die Inuit. Sie leben im arktischen Kanada und auf ____________. Die Bewohner Lapplands, die Samen, leben in Nordeuropa.

Lösungen:
Eis, kälteste, Südhalbkugel, Sonnenwind, nördlichsten, Kanadas, Bevölkerung, 40-mal, Land, Eisschicht, Bewohner, Grönland

Arktis und Antarktis

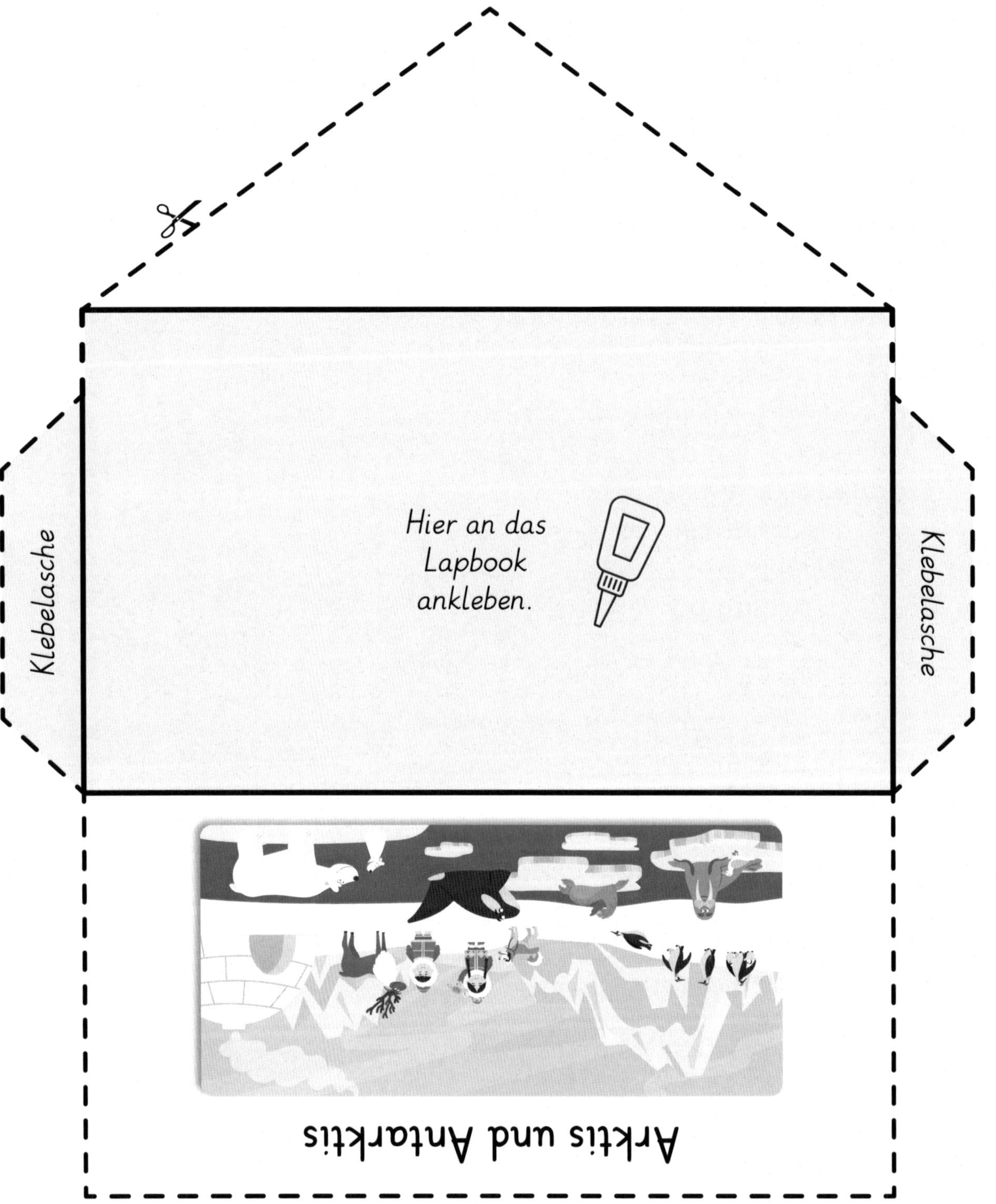

Vegetationszonen der Arktis

Schneide die Kärtchen auf dieser und der nächsten Seite aus. Vervollständige die Texte. Klebe sie hinter die Bilder. An den grauen Streifen kannst du das Heftchen zusammenkleben oder tackern.

Die **Polarwüste** heißt auch Eiswüste oder ________________. Es fällt sehr wenig Niederschlag und oft wehen eisige Winde. Es gibt nur wenige Tiere, die hier leben können. Tiere, die ______________ fressen, finden keine Nahrung.

Die **Tundra** wird auch ________________ genannt. Die oberste Bodenschicht ist viele Monate lang gefroren. Da das ________________ nicht versickern kann, bilden sich häufig weite Sumpf- und Moorflächen.

Die **Taiga** ist das größte geschlossene ________________ der Erde. Sie wird auch borealer Wald genannt und besteht größtenteils aus ________________. Das Gebiet ist für die Holzgewinnung überaus wichtig.

Die Polarwüsten, die Tundra und der nördliche Teil der Taiga (borealer Nadelwald) sind die drei wichtigsten **Vegetationszonen der Arktis**, von Norden nach Süden gesehen.

Lösungen:
Kältewüste, Pflanzen
Kältesteppe, Schmelzwasser
Waldgebiet, Nadelbäumen

Lapbooks Natur und Lebensraum
Naturwissenschaftliche Themen kreativ erarbeiten – Bestell-Nr. 12 880
KOHL VERLAG

Vegetationszonen der Arktis

Vegetationszonen der Arktis

Die Rückseite dieses Feldes an das Lapbook kleben.

Lapbooks Natur und Lebensraum
Naturwissenschaftliche Themen kreativ erarbeiten – Bestell-Nr. 12 880
KOHL VERLAG

Tiere in der Arktis

Hier siehst du Tiere, die in den arktischen Zonen leben. Gestalte nach den Texten und Bildern auf der vorigen Seite je eine Landschaft (Polarwüste, Tundra, Taiga). Schneide die Tierbilder aus und klebe sie auf die Vorder- und Rückseite. Verwahre sie in dem Mäppchen auf der übernächsten Seite.

Die **Polarwüste** ist Lebensraum für Eisbären, Robben, Walrosse und viele Seevögel.

In der **Tundra** leben Moschusochsen, Polarfüchse, Schneeeulen und Polarwölfe.

In der **Taiga** leben Elche, Rentiere, Wölfe, Bären, Füchse und der Luchs.

1	2	3
4	5	6
7	8	9
10	11	12

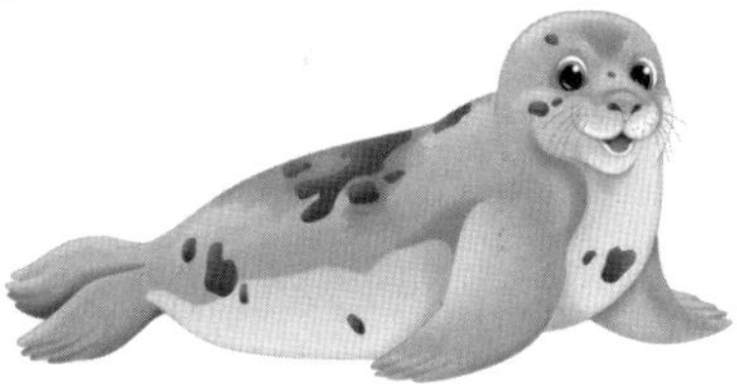

KOHL VERLAG
Lapbooks Natur und Lebensraum
Naturwissenschaftliche Themen kreativ erarbeiten – Bestell-Nr. 12 880

Tiere in der Arktis

POLARWÜSTE

TUNDRA

TAIGA

Lösungen:
Polarwüste: Bild 5, 6, 10 – Tundra: Bild 1, 8, 11 – Taiga: Bild 2, 3, 4, 7, 9, 12

Tiere in der Arktis

In diesem Mäppchen kannst du die Karten verwahren.

Tiere in der Arktis

Klebelasche

Hier an das Lapbook ankleben.

Klebelasche

KOHL VERLAG Lapbooks Natur und Lebensraum
Naturwissenschaftliche Themen kreativ erarbeiten – Bestell-Nr. 12 880

Meeressäugetiere

Meeressäuger sind Tiere, die vor langer, langer Zeit an Land gelebt haben. Meeressäuger bringen lebende Junge zur Welt und atmen durch die Lungen. Zu den Meeressäugetieren gehören Robben (Seehunde, Walrosse, Seelöwen ...), Wale (Blauwal, Pottwal, Buckelwal) und Delfine.

Zahnwale haben spitze Zähne im Kiefer und fangen Fische, Robben und Pinguine. Zu ihnen gehören die Delfine, sowie der Schwertwal oder Orca. Auch die großen Pottwale sind Zahnwale.

Bartenwale sind z. B. der Blauwal, der Finnwal und der Buckelwal. Die Bartenwale haben statt der Zähne lange, brettartige, flache Platten, die aus Horn bestehen (wie unsere Fingernägel). Diese Barten bilden ein Sieb. Damit filtern die Wale ihre Nahrung aus dem Wasser. Krill (kleine Krebse) und Flügelschnecken bleiben zwischen den Barten hängen und werden anschließend gefressen.

Schneide die Kärtchen aus und klebe sie hinter die richtigen Bilder in der Mappe mit den 4 Klappen auf der übernächsten Seite.

Robben kommen in allen Meeren vor. Sie besitzen keine äußeren Ohren. Statt eines dichten Fells haben die Robben eine dicke Fettschicht unter der Haut. Meistens fressen Robben Fisch.

Krill sind kleine Krebstiere.

Der **Blauwal** ist das größte Tier der Welt. Er wird bis zu 33 m lang und wiegt bis zu 200 Tonnen. Pro Tag vertilgt ein Blauwal bis zu 7 Tonnen Krill. Er kann 80 bis 90 Jahre alt werden und lebt in allen Ozeanen.

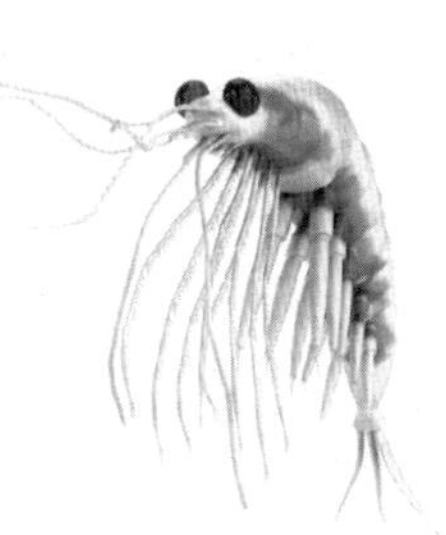

KOHL VERLAG Lapbooks Natur und Lebensraum
Naturwissenschaftliche Themen kreativ erarbeiten – Bestell-Nr. 12 880

Meeressäugetiere

Der **Schwertwal** oder Orca ist schwarz-weiß und hat eine lange Rückenflosse. Er wird 6 – 8 m lang und wiegt bis zu 6 Tonnen. Er zählt zu den Delfinen und frisst Pinguine, Fische und Robben.

Delfine leben in Gemeinschaften, den sogenannten Schulen. Zu den bekanntesten Delfin-Arten gehören die Großen Tümmler. Sie werden zwei bis vier Meter lang und wiegen 150 bis 200 Kilogramm.

Der **Buckelwal** hat bis zu 5 Meter lange Brustflossen. Er wird bis zu 18 Metern lang und kann 23 – 30 Tonnen wiegen. Er lebt in polaren, subtropischen und tropischen Meeren und frisst Krill und Fische.

Das **Walross** wird bis zu 4 Meter lang und wiegt bis zu 1,8 Tonnen. Es lebt in der Arktis, im Meer und im Treibeis. Es wird 40 – 50 Jahre alt und frisst Muscheln und Schnecken. Es hat lange Zähne und rosa bis braune Haut.

Der **Pottwal** ist der größte Zahnwal und hat einen kastenförmigen Kopf. Er wird bis zu 18 m lang. Die Kühe (weibliche Tiere) können bis zu 40 Tonnen wiegen und die Bullen (männliche Tiere) bis zu 70 Tonnen.

Seelöwen leben an felsigen Küsten direkt am Meer. Sie werden etwa 2,5 m lang und wiegen rund 250 kg. Sie sind an der Pazifik-Küste Nord- und Südamerikas und in Australien und Neuseeland zu Hause.

KOHL VERLAG
Lapbooks Natur und Lebensraum
Naturwissenschaftliche Themen kreativ erarbeiten – Bestell-Nr. 12 880

Meeressäugetiere

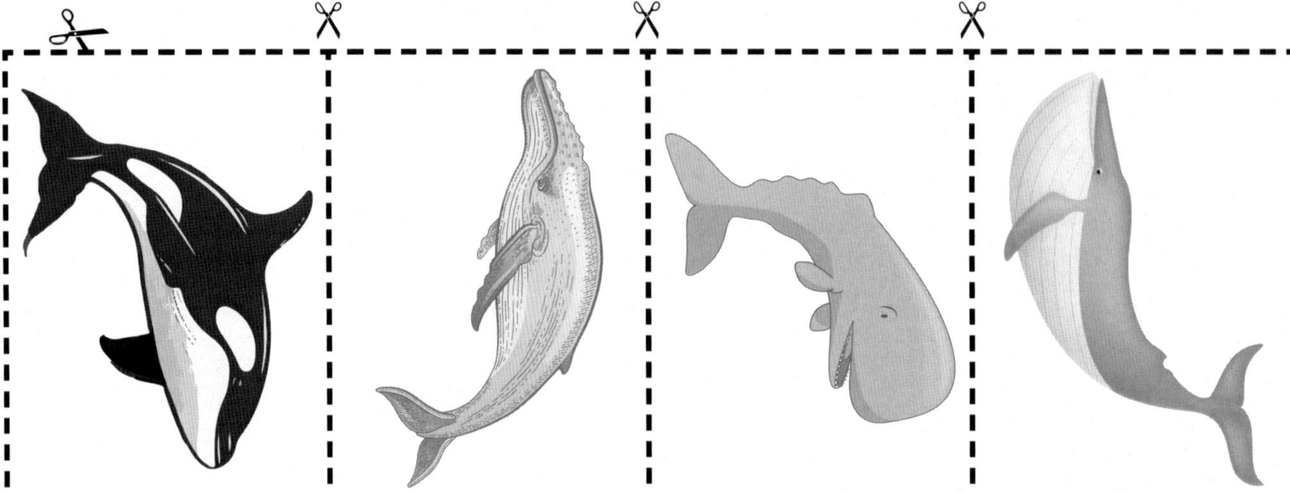

Hier an das Lapbook ankleben.

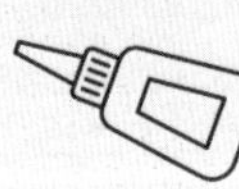

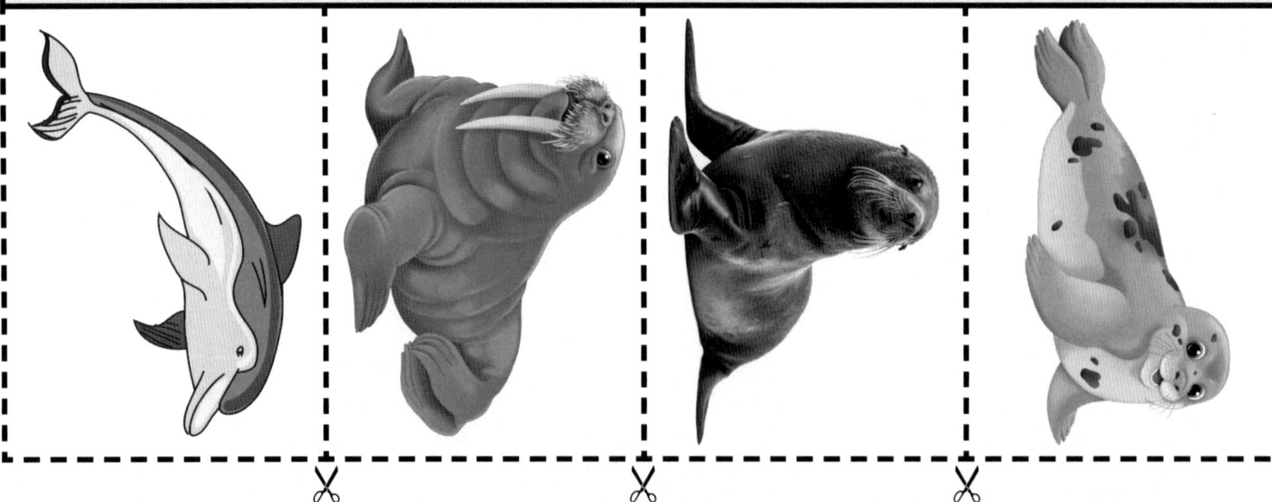

KOHL VERLAG
Lapbooks Natur und Lebensraum
Naturwissenschaftliche Themen kreativ erarbeiten – Bestell-Nr. 12 880

Pinguine und Eisbären

Schneide die Kärtchen unten und die Form auf der nächsten Seite aus. Klebe die Texte hinter die richtigen Bilder. Das Kärtchen mit der Weltkarte klebst du in die Mitte. Falte dann die Form an den gestrichelten Linien, so dass der Titel zu sehen ist.

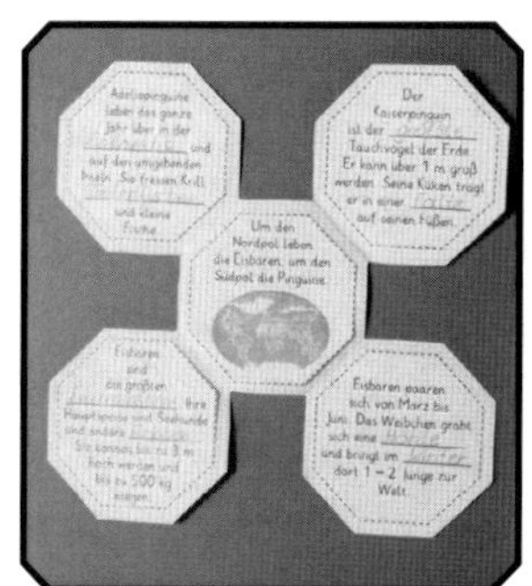

Adeliepinguine leben das ganze Jahr über in der ______________ und auf den umgebenden Inseln. Sie fressen Krill, ______________ und kleine Fische.

Der **Kaiserpinguin** ist der ______________ Tauchvogel der Erde. Er kann über 1 m groß werden. Seine Küken trägt er in einer ______________ auf seinen Füßen.

Um den Nordpol leben die Eisbären, um den Südpol die Pinguine.

Eisbären sind die größten ______________. Ihre Hauptspeise sind Seehunde und andere ______________. Sie können bis zu 3 m hoch werden und bis zu 500 kg wiegen.

Eisbären paaren sich von März bis Juni. Das Weibchen gräbt sich eine ______________ und bringt im ______________ dort 1 – 2 Junge zur Welt.

KOHL VERLAG
Lapbooks Natur und Lebensraum
Naturwissenschaftliche Themen kreativ erarbeiten – Bestell-Nr. 12 880

Pinguine und Eisbären

Lösungen:
Antarktis, Tintenfische, größte, Falte, Landraubtiere, Robben, Höhle, Winter

KOHL VERLAG
Lapbooks Natur und Lebensraum
Naturwissenschaftliche Themen kreativ erarbeiten – Bestell-Nr. 12 880

Die Entdeckung des Nord- und Südpols

Schneide das Mäppchen und die Texte aus. Falte das Mäppchen an der durchgezogenen Linie nach hinten. Klebe rechts den Balken auf und die Texte daneben.

Hier an das Lapbook ankleben.

ENTDECKUNG DER POLE

Der Nordpol wurde nicht von einer einzelnen Person entdeckt. Eine der bekanntesten Expeditionen war die des Amerikaners Robert Peary im Jahr 1909.

Der Südpol wurde von dem Norweger Roald Amundsen am 14. Dezember 1911 entdeckt. Er führte eine Expedition an, die als erste am Südpol ankam.

KOHL VERLAG
Lapbooks Natur und Lebensraum
Naturwissenschaftliche Themen kreativ erarbeiten – Bestell-Nr. 12 880

Lapbook
Wüsten, Steppen und Savannen

Name: ______________________

Wüsten

Schneide die Bilder und die Kärtchen aus. Klebe hinter jedes Bild den passenden Text. Schneide auch den Umschlag auf der nächsten Seite aus. Knicke ihn an den durchgezogenen Linien nach hinten und klebe ihn zusammen. Darin kannst du die Kärtchen verwahren.

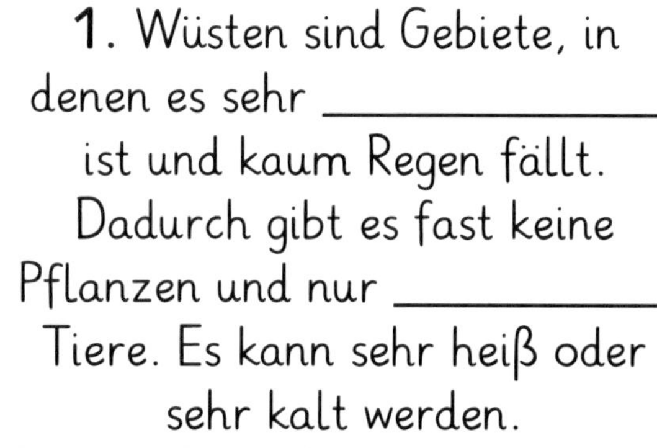

1. Wüsten sind Gebiete, in denen es sehr ____________ ist und kaum Regen fällt. Dadurch gibt es fast keine Pflanzen und nur ____________ Tiere. Es kann sehr heiß oder sehr kalt werden.

2. Fehlende Niederschläge ergeben sich nicht nur durch fehlende ______________, sondern auch durch die ______________. Der Regen verflüchtigt sich, bevor er den Boden erreicht.

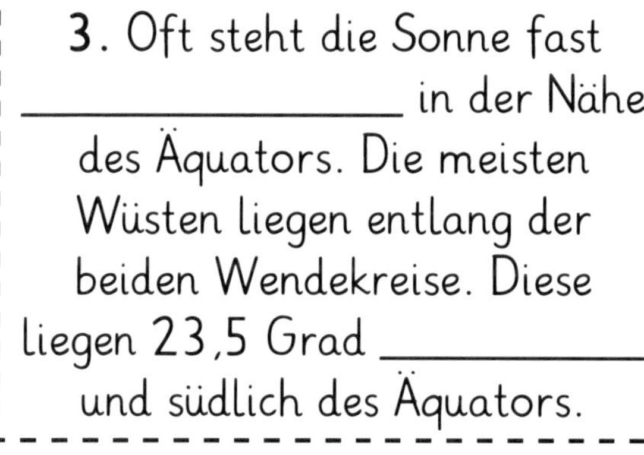

3. Oft steht die Sonne fast ______________ in der Nähe des Äquators. Die meisten Wüsten liegen entlang der beiden Wendekreise. Diese liegen 23,5 Grad ____________ und südlich des Äquators.

4. In der Wüste gibt es nur sehr wenige ____________. Einige Kakteen, Agaven oder auch Aloen haben sich an die Umweltbedingungen angepasst und können sehr viel ____________ speichern.

Wüsten

5. Kontinentalwüsten liegen in der Mitte von _______________, sie sind also weit vom Meer entfernt und häufig sogar von Bergen umgeben. Ein Beispiel ist die Wüste Gobi in ____________.

6. Eine Oase ist eine _______________ mitten in der Wüste. Sie ist umwachsen von Pflanzen und kann von Menschen bewohnt sein. Es gibt sie in _________, Australien, Amerika und Asien.

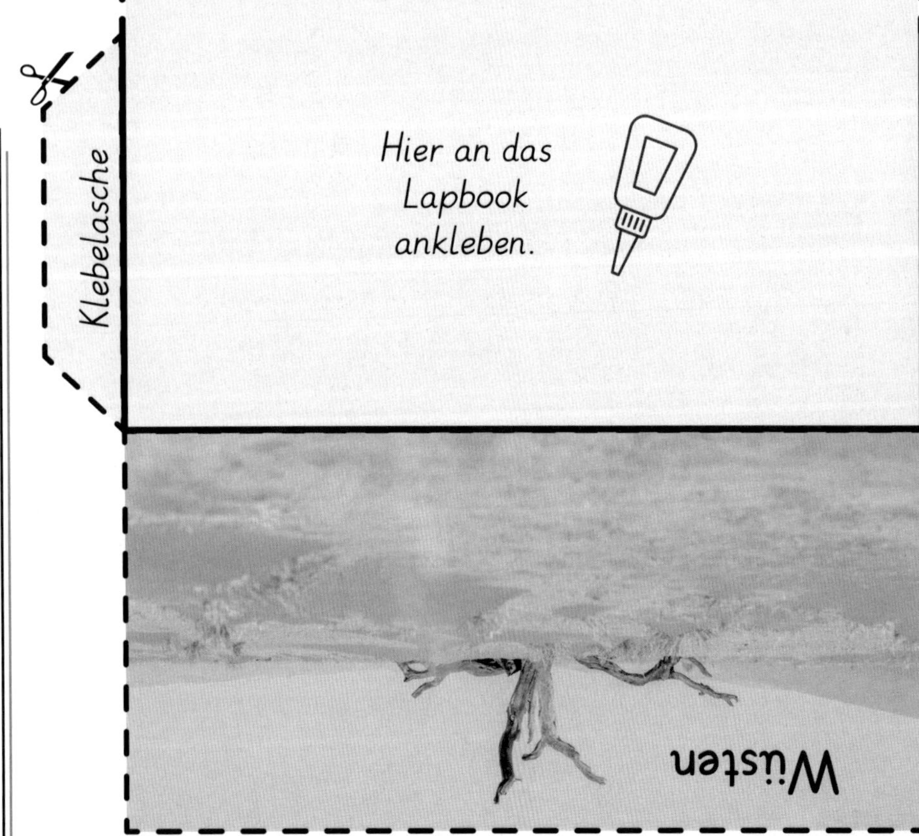

Lösungen:

1. trocken, wenige
2. Regenwolken, Verdunstung
3. senkrecht, nördlich
4. Pflanzen, Wasser
5. Kontinenten, Asien
6. Wasserstelle, Afrika

KOHL VERLAG Lapbooks Natur und Lebensraum
Naturwissenschaftliche Themen kreativ erarbeiten – Bestell-Nr. 12 880

Wüstenbewohner

Schneide die Kärtchen aus und klebe sie hinter das richtige Bild auf der nächsten Seite. Schneide dann auch die Seiten des Büchleins aus und hefte sie an den grauen Feldern zusammen. Klebe das Büchlein mit der Rückseite des letzten grauen Feldes an dein Lapbook.

Typische Wüstenbewohner sind Echsen, Schlangen, Insekten und Spinnentiere. Es kommen aber auch Säugetiere wie Springmäuse, Rennmäuse, Wüstenfüchse, Wildkamele und eine Reihe Vögel vor. Die meisten Tiere sind in der kühleren Nacht aktiv.

In Nordafrika gibt es **Wüstenspringmäuse**, die in Geröll-, Sand- und Salzwüsten und Weideland leben. Sie graben unterirdische Bauten, die mit einem Sandpfropfen gegen die Hitze verschlossen werden.

Bekannt durch ihre Bauten sind die **Termiten**. Mit Ameisen und Käfern sind es die Insekten, die in der Wüste am meisten vorkommen. Alle Termiten bilden Staaten. Sie bauen ihre Nester in Bäume, in die Erde oder bilden einen großen Hügel.

Der **Fennek** hat sich an das Leben in der Wüste angepasst. Dazu gehören große Ohren, über die die Wärme abgegeben werden kann. Wie unser Fuchs ist er ein Allesfresser, der nicht nur kleine Tiere, sondern auch Knollen und Früchte frisst.

Skorpione haben acht Beine. Vorne haben sie noch zwei Fangarme mit Scheren. Dazu haben sie einen langen Schwanz mit einem Giftstachel am Ende. Mit den Scheren und dem Stachel können sie sich verteidigen oder ihre Beute fangen.

Kamele gibt es in mehreren Arten: Lama, Guanako, Vikunja, Alpaka, Wildes Kamel, Dromedar und das eigentliche Kamel, das den Namen „Trampeltier" trägt. Die Tiere aller Arten sind eher groß und fressen nur Pflanzen.

Lapbooks Natur und Lebensraum
Naturwissenschaftliche Themen kreativ erarbeiten – Bestell-Nr. 12 880
KOHL VERLAG

Wüstenbewohner

Typische Wüstenbewohner

Die Rückseite dieses Feldes an das Lapbook kleben.

KOHL VERLAG Lapbooks Natur und Lebensraum
Naturwissenschaftliche Themen kreativ erarbeiten – Bestell-Nr. 12 880

Savannen

Eine Savanne ist eine Zone mit Graslandschaft und vereinzelten Bäumen. Sie befindet sich häufig zwischen Wüste und Regenwald.

Schneide die Kärtchen und die Mappe mit den 4 Klappen auf der nächsten Seite aus. Klebe die Texte zum richtigen Begriff in die Mappe.

Die größte Savanne befindet sich in Afrika. Hier wachsen Baobab (Affenbrotbäume), ____________________ und Dattelpalmen. Berühmt ist die Serengeti, eine große Savanne.

In den Savannen Südamerikas findet man Gürteltiere, Tapire, Jaguare, Mähnenwölfe, ______________ und Ameisenbären.

In der Savanne in Asien wachsen der Teakbaum, der Salbaum und der Sandelholzbaum. Savannen gibt es in ______________ und Südostasien.

In australischen Savannen findet man Beuteltiere wie Kängurus, _________ (die fressen Eukalyptusblätter) oder Wombats. Auch der Emu ist hier zuhause.

Das zweitgrößte Ökosystem Südamerikas nach dem Amazonasgebiet ist der Cerrado, eine Savannenlandschaft, in der man Agaven und ______________ findet.

In den Savannen Afrikas leben Leoparden, Gazellen, Schakale, Warzenschweine, Giraffen, ____________, Nashörner, Elefanten, Strauße, Hyänen und Geier.

Die größte Savanne Australiens ist die sogenannte „Top End Savanna", im nördlichen Teil Australiens. Hier wachsen ___________________ und Baobabs.

In Asiens Savannen gibt es Leoparden, ________________________, Termiten, Elefanten, Pelikane und verschiedene Vögel und Reptilien.

KOHL VERLAG
Lapbooks Natur und Lebensraum
Naturwissenschaftliche Themen kreativ erarbeiten – Bestell-Nr. 12 880

Savannen

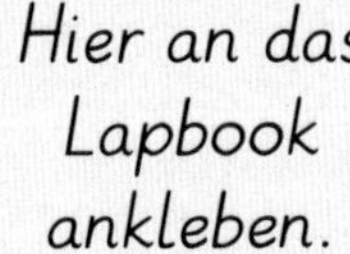

Hier an das
Lapbook
ankleben.

Linie nach vorne knicken

Lösungen:
Afrika: Schirmakazien, Löwen
Asien: Indien, Stachelschweine
Südamerika: Kakteen, Pumas
Australien: Eukalyptus, Koalas

KOHL VERLAG Lapbooks Natur und Lebensraum
Naturwissenschaftliche Themen kreativ erarbeiten – Bestell-Nr. 12 880

Tiere in der Savanne Afrikas

In den Savannen Afrikas leben Zebras, Büffel, Elefanten, Giraffen, Löwen, Geparden, Nashörner, Affen, Geier und viele verschiedene Antilopen und Gazellenarten. Die meisten Tiere leben in großen Herden. So können sie sich besser gegen Feinde schützen.

Schneide die Kärtchen aus. Male die Tiere an. Du kannst noch einen Hintergrund gestalten. Schreibe dann den richtigen Namen darunter. An den grauen Feldern kannst du sie zusammenheften oder -kleben. Die letzte Seite klebst du an dein Lapbook.

Tiere in der Savanne Afrikas

Lösungen (der Reihe nach): Elefant, Giraffe, Zebra, Löwe, Affe, Nashorn, Büffel, Gepard, Geier, Gazelle.

KOHL VERLAG
Lapbooks Natur und Lebensraum
Naturwissenschaftliche Themen kreativ erarbeiten – Bestell-Nr. 12 880

Tiere in der Savanne Afrikas

Die Rückseite dieses Feldes an das Lapbook kleben.

KOHL VERLAG Lapbooks Natur und Lebensraum
Naturwissenschaftliche Themen kreativ erarbeiten – Bestell-Nr. 12 880

Schirmakazie und Affenbrotbaum (Baobab)

Schneide die Kärtchen unten und das Mäppchen auf der nächsten Seite aus. Ergänze die Texte und klebe sie in das Mäppchen. Klebe das Mäppchen an dein Lapbook.

Die **Schirmakazie** gilt als der typische Baum Afrikas. Ihre ______________ Pfahlwurzeln speichern Wasser aus der kurzen Regenzeit. Sie spenden Schatten. Mit ihren spitzen ____________ wehren sie sich gegen Tiere, die sich von Blättern und ____________ ernähren. Pflanzenfresser wie die Giraffe verputzen trotz der Dornen die Blätter.

Affenbrotbäume sind Laubbäume. Sie wachsen in ______________, auf der Insel Madagaskar und in ______________. Sie werden fünf bis dreißig Meter hoch und können mehrere Hundert Jahre alt werden. Die Früchte können bis zu 40 cm groß werden. Affen ernähren sich davon. Auch Antilopen und ______________ fressen die Früchte.

Vielleicht magst du noch ein paar Tiere aus der Savanne in Afrika ausmalen und in dein Lapbook kleben?

KOHL VERLAG Lapbooks Natur und Lebensraum
Naturwissenschaftliche Themen kreativ erarbeiten – Bestell-Nr. 12 880

Schirmakazie und Affenbrotbaum (Baobab)

Hier an das Lapbook ankleben.

Der Affenbrotbaum

Die Schirmakazie

Lösungen:
tiefen, Dornen, Früchten
Afrika, Australien, Elefanten

KOHL VERLAG Lapbooks Natur und Lebensraum
Naturwissenschaftliche Themen kreativ erarbeiten – Bestell-Nr. 12 880

Steppen

Schneide die Bilder auf dieser Seite und die Kärtchen auf der nächsten Seite aus. Klebe die Bilder passend zum Text auf die Kärtchen. Ergänze die Texte. In dem Mäppchen auf der übernächsten Seite kannst du die Kärtchen aufbewahren. Klebe das Mäppchen an dein Lapbook.

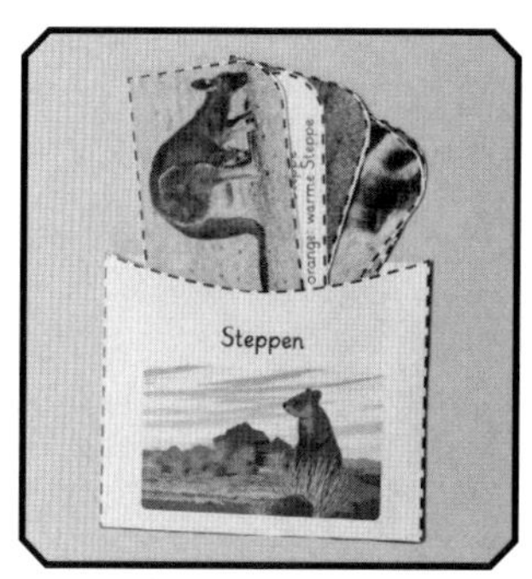

Lapbooks Natur und Lebensraum
Naturwissenschaftliche Themen kreativ erarbeiten – Bestell-Nr. 12 880

Steppen

In der Steppe wachsen weder _______________ noch Sträucher, man findet vorwiegend hohe Gräser.

Im Winter wird es sehr kalt und lange _______________, über das ganze Jahr verteilt, sind keine Seltenheit.

Es gibt aber Moose, Flechten und niedrige Pflanzen wie das _______________.

Steppen werden auch Prärie (in Nordamerika) oder Pampa (in Südamerika) genannt. In Australien heißt die Steppe _______________.

In der nordamerikanischen Steppe leben zum Beispiel _______________, Bisons, Wölfe und Luchse.

In der asiatischen Steppe leben unter anderem Füchse, Luchse, Antilopen, Wölfe oder _______________.

Im australischen Grasland leben Kängurus und Emus, Hasen, Kaninchen, Echsen und _______________, genannt Dingos.

Lösungen:
Bäume
Trockenphasen
Heidekraut
Grasland
Kojoten
Falken
Wildhunde

KOHL VERLAG
Lapbooks Natur und Lebensraum
Naturwissenschaftliche Themen kreativ erarbeiten – Bestell-Nr. 12 880

Steppen

Steppen

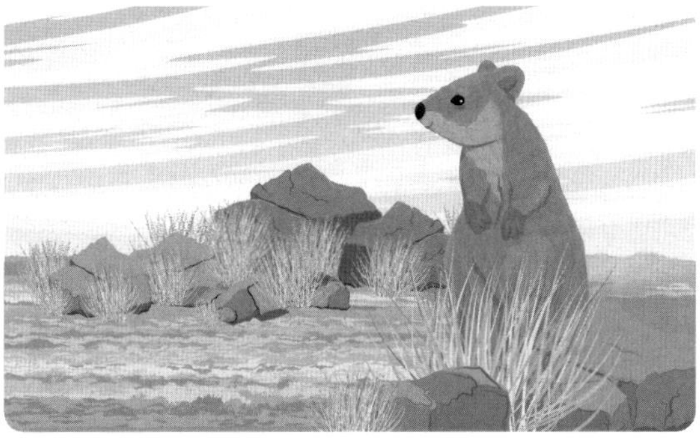

Klebelasche

Hier an das Lapbook ankleben.

Klebelasche

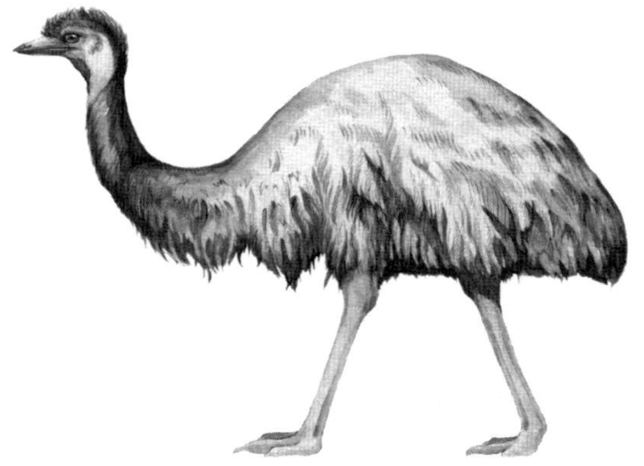

Lapbooks Natur und Lebensraum
Naturwissenschaftliche Themen kreativ erarbeiten – Bestell-Nr. 12 880
KOHL VERLAG

Lapbook
Wälder und Regenwälder

Name: ______________________

KOHL VERLAG Lapbooks Natur und Lebensraum
Naturwissenschaftliche Themen kreativ erarbeiten – Bestell-Nr. 12 880

Waldarten

Wir unterscheiden bei uns Laubwald, Nadelwald und Mischwald.

Schneide die Texte unten und die Form auf der nächsten Seite aus. Ergänze die Texte und klebe sie hinter die richtigen Bilder.

In den **Nadelwäldern** ist es immer __________. Sie bieten Vögeln und Wildtieren guten Schutz. Pflanzen können aber in diesem Licht nicht gut gedeihen. Hier findet man nur Moose, __________, Flechten, und Pilze.

Im **Mischwald** wachsen sowohl Laub- als auch __________. Er bietet Nahrung und Unterschlupf für viele __________. Wind und Schnee können in Mischwäldern weniger Schaden anrichten.

Im **Laubwald** gibt es viele verschiedene Baumarten. Alle __________ im Herbst ihre Blätter ab und treiben im Frühjahr neue __________ aus. Viele Baumfrüchte sind für die Ernährung der Waldtiere besonders wichtig.

Lösungen:
Mischwald: Nadelbäume, Tierarten
Nadelwald: dunkel, Farne
Laubwald: werfen, Blätter

KOHL VERLAG
Lapbooks Natur und Lebensraum
Naturwissenschaftliche Themen kreativ erarbeiten – Bestell-Nr. 12 880

Waldarten

Linie nach vorne knicken

Hier an das Lapbook ankleben.

Mischwald

Linie nach hinten knicken

Nadelwald

Laubwald

Linie nach vorne knicken

KOHL VERLAG Lapbooks Natur und Lebensraum
Naturwissenschaftliche Themen kreativ erarbeiten – Bestell-Nr. 12 880

Nadelbäume

Schneide die Kärtchen und die Mappe mit den 5 Klappen auf der nächsten Seite aus. Knicke die Kärtchen in der Mitte und klebe sie hinter das richtige Bild. Die Mappe klebst du in dein Lapbook.

Die Kiefer oder Föhre

Ihre Nadeln sind lang und ____________. Sie sind drei bis sieben Zentimeter lang und stehen ____________________. Die Zapfen sind rundlich.

Die Lärche

Sie ist der einzige Nadelbaum, der im Herbst die ____________ abwirft. Die Nadeln sind ________, weich und hellgrün. Sie stehen in Büscheln. Die Zapfen sind klein und rundlich.

Die Tanne

Ihr Stamm hat eine weißgraue, _______________ Rinde. Sie hat stumpfe, flache Nadeln. Die Zapfen der Tanne stehen _________________ und fallen nicht ab.

Die Fichte

Sie hat einen ______________________ Stamm und dünne, spitze Nadeln. Die Zapfen der Fichte hängen an den Ästen nach _____________ und fallen ganz ab.

Die Eibe

Sie ist nur ein kleiner Baum oder ein Busch von 2 – 10 m Höhe. Die Nadeln sind _____________ und dunkelgrün. Die Eibe bildet keine _____________, sondern rote Früchte. Eiben sind sehr giftig.

KOHL VERLAG
Lapbooks Natur und Lebensraum
Naturwissenschaftliche Themen kreativ erarbeiten – Bestell-Nr. 12 880

Nadelbäume

Hier an das Lapbook ankleben.

Die Tanne

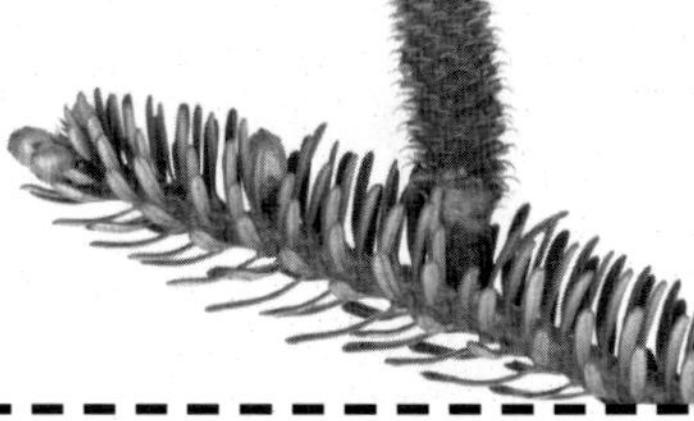

Die Kiefer

Die Lärche

Die Fichte

Die Eibe

Linie nach vorne knicken

Lösungen:

Kiefer: spitz, paarweise
Lärche: Nadeln, kurz
Tanne: glatte, aufrecht
Fichte: rotbraunen, unten
Eibe: weich, Zapfen

KOHL VERLAG
Lapbooks Natur und Lebensraum
Naturwissenschaftliche Themen kreativ erarbeiten – Bestell-Nr. 12 880

Minifaltbuch Laubbäume erstellen

Falte das Büchlein auf der folgenden Seite nach dieser Anleitung. Befestige es an dein Lapbook, indem du eine Schnur in die Mitte des Büchleins legst und die Enden oben und unten am Lapbook mit Klebestreifen befestigst.

Du brauchst:

eine Schere

Vorlage Faltbuch (siehe nächste Seite)

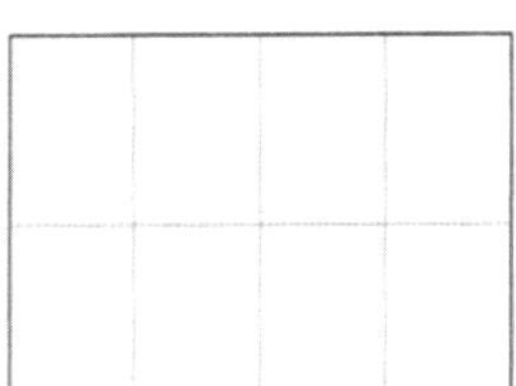

1.

So geht es:

1. Schneide die Vorlage vom Faltbuch an der gestrichelten Linie aus. Lege das Blatt mit der unbeschriebenen Seite vor dich hin.
2. Falte es einmal längs in der Mitte.
3. Falte es wieder auseinander.
4. Lege das Blatt mit der beschriebenen Seite vor dich hin. Falte es einmal quer in der Mitte. Schneide das Blatt an der gestrichelten Linie ein.
5. Falte die beiden Seiten an den durchgezogenen Linien nach unten.
6. Falte das Blatt wieder auseinander.
7. Falte das Blatt wieder der Länge nach in der Mitte, sodass die beschriebene Seite sichtbar wird.
8. Schiebe das Blatt in der Mitte zusammen.
9. Nun kannst du das Faltbuch zusammenklappen.

2.

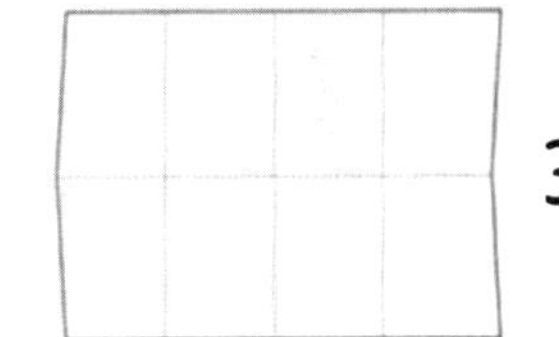

3.

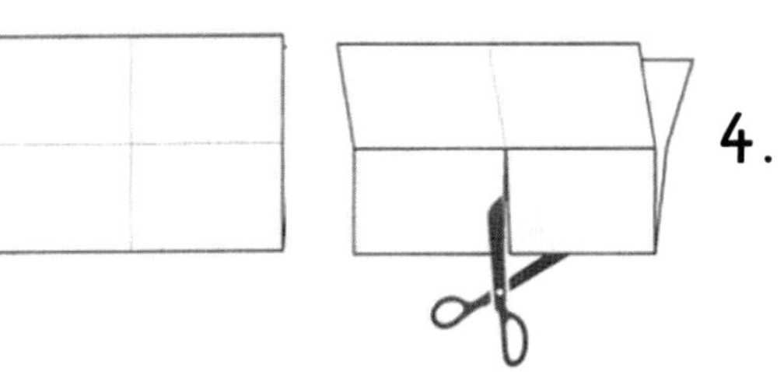

4.

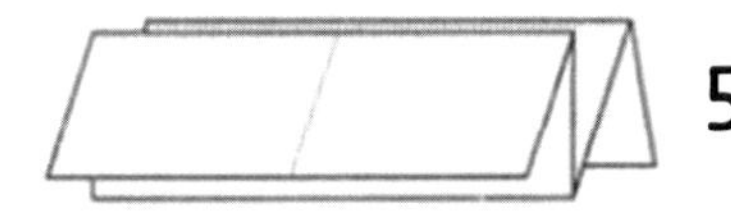

5.

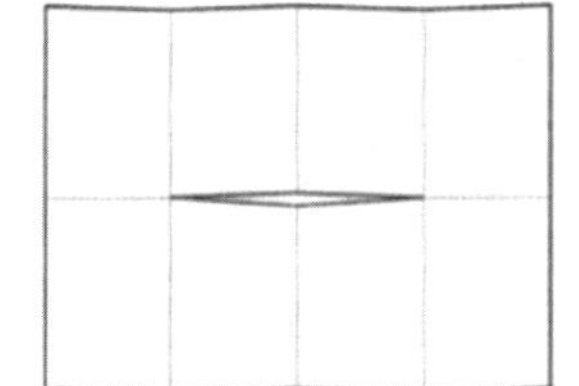

6.

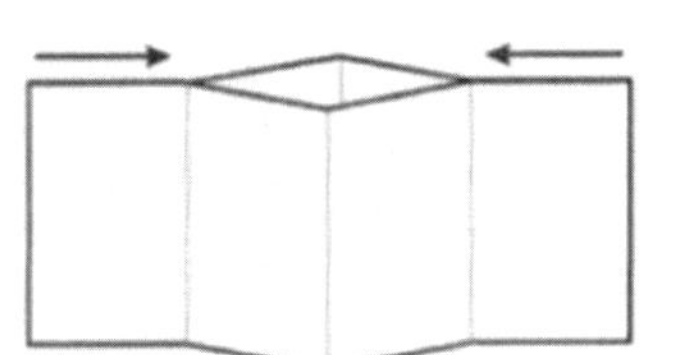

7.

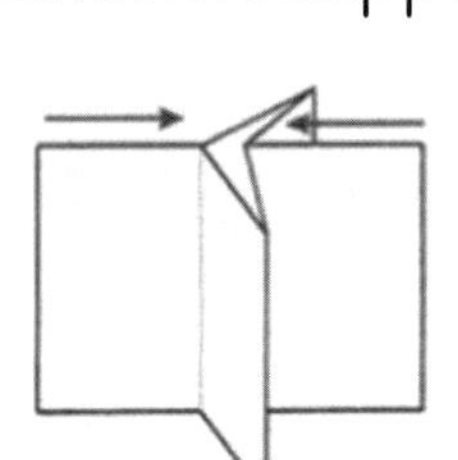

8.

9.

Lapbooks Natur und Lebensraum
Naturwissenschaftliche Themen kreativ erarbeiten – Bestell-Nr. 12 880
KOHL VERLAG

Minifaltbuch Laubbäume erstellen

1

Laubbäume

2

Die **Buche** ist der häufigste Laubbaum in deutschen Wäldern. Die Früchte heißen Bucheckern.

3

Die **Eiche** kann bis zu 1000 Jahre alt werden. Ihre Früchte, die Eicheln, sind Nahrung für Wildschweine und viele andere Wildtiere.

4

Der **Ahorn**
In Deutschland gibt es drei Arten: Spitz-, Berg- und Feld-Ahorn. Seine Früchte sind auch als „Ahornnasen" bekannt.

5

Die **Rosskastanie** ist ein mächtiger Baum mit großen Blüten (Kerzen) und Blättern. Die **Esskastanie** trägt essbare Früchte, die Maronen.

6

Die **Birke** zeigt als erste im Frühjahr ihr zartes Grün. Besonders leicht zu erkennen sind die Bäume durch ihre schwarz-weiße Rinde.

7

Die **Eberesche** ist vor allem bei Vögeln und vielen Tieren beliebt. Daher heißt der Baum auch Vogelbeerbaum oder Drosselbeere.

8

Die **Linde** hat herzförmige Blätter. Sie dient als Heilpflanze und hat oft eine wichtige Bedeutung in der Geschichte.

KOHL VERLAG
Lapbooks Natur und Lebensraum
Naturwissenschaftliche Themen kreativ erarbeiten – Bestell-Nr. 12 880

Minifaltbuch Laubbäume erstellen

Schneide die Kärtchen aus. Klebe sie passend in dein Minibuch ein. Du kannst dabei die Seitenzahl überkleben!

Lapbooks Natur und Lebensraum
Naturwissenschaftliche Themen kreativ erarbeiten – Bestell-Nr. 12 880
KOHL VERLAG

Die Tiere in unseren Wäldern

Male die Bilder bunt aus. Schneide dann die einzelnen Streifen aus. Hefte oder klebe sie an den grauen Feldern zusammen. Klebe das Büchlein dann in dein Lapbook.

Die Tiere in unseren Wäldern

Das **Eichhörnchen** hat ein rotbraunes Fell. Es wird etwa 25 cm lang, dazu kommen noch 15 – 20 cm Schwanz. Es frisst Nüsse, Samen, Zapfen, Vogeleier, Insekten und Pilze. Es wohnt in einem Kobel, das ist ein Nest im Baum.

Der **Igel** ist grau-braun gefärbt. Auf dem Rücken hat er Stacheln. Bei Gefahr rollt er sich zu einer Kugel zusammen. Er frisst Schnecken, Raupen, Vogeleier, Frösche und Insekten. Igel machen einen Winterschlaf.

KOHL VERLAG Lapbooks Natur und Lebensraum
Naturwissenschaftliche Themen kreativ erarbeiten – Bestell-Nr. 12 880

Die Tiere in unseren Wäldern

Der **Dachs** lebt in Laub- und Mischwäldern mit dichter Krautschicht. Er frisst Mäuse, Vögel, Eier, Insekten, Schnecken, Regenwürmer, Obst, Nüsse und Beeren. Sein Bau liegt tief in der Erde und ist mit Moos, Laub oder Farn gepolstert. Dachse halten Winterruhe.

Rehe und Hirsche sind im Sommer rotbraun, im Winter eher graubraun. Hirsche tragen ein Geweih. Sie leben in Wäldern mit dichter Krautschicht und Lichtungen. Rehe ernähren sich von Blättern, Trieben, Gräsern, Kräutern, Eicheln, Bucheckern, Pilzen und Beeren.

Der **Fuchs** hat ein rotbraunes Fell. Er lebt in Wäldern und Feldern, manchmal auch in der Stadt. In der Natur gräbt er seinen Bau unter der Erde. Füchse fressen Mäuse, Vögel, Kaninchen, Frösche, Würmer, aber auch Obst und Aas.

Das **Wildschwein** ist dunkelgrau bis braun-schwarz mit langen borstigen Deckhaaren. Es lebt in Laub- und Mischwäldern (Eichen und Buchen) mit sumpfigen Gebieten. Es ist ein Allesfresser und wird auch in Städten angetroffen.

Lapbooks Natur und Lebensraum
Naturwissenschaftliche Themen kreativ erarbeiten – Bestell-Nr. 12 880
KOHL VERLAG

Die Tiere in unseren Wäldern

Die **Fledermaus** ist dunkelbraun, am Bauch heller. Ihre Flügel kann sie ganz eng zusammenfalten. In der Dämmerung und nachts ist sie aktiv. Sie frisst Mücken, Käfer, Falter und kleine Fliegen. Sie ist das einzige Säugetier, das fliegen kann.

Der **Baummarder** ist dunkelbraun und hat am Hals einen gelben Fleck. Er lebt meist in Baumhöhlen und frisst Mäuse, Eichhörnchen, Vögel und ihre Eier, aber auch Insekten und Frösche oder Beeren, Früchte und Nüsse. Er ist nachtaktiv.

Waldameisen bauen bis zu 2 m hohe Nester. Sie fressen Schädlinge, züchten Läuse und verbreiten die Samen von Pflanzen. Durch den Abbau von Holz und Laub fördern sie die Lockerung des Bodens. Ameisen sind Nahrung von Vögeln und Spinnen.

Schnecken gehören zu den Weichtieren und lieben es feucht. Viele von ihnen sind nachtaktiv. Sie sorgen dafür, dass alte Blätter, Pilze, Holz und andere Stoffe wieder zu Erde werden. Auch sind sie wichtige Nahrung für Igel und viele Vögel.

Lapbooks Natur und Lebensraum
Naturwissenschaftliche Themen kreativ erarbeiten – Bestell-Nr. 12 880
KOHL VERLAG

Wo gibt es Regenwälder?

Schneide die Form auf der nächsten Seite und die Kärtchen unten aus. Klebe die Kärtchen hinter die richtigen Erdteile und falte die Form zusammen. Klebe sie an dein Lapbook.

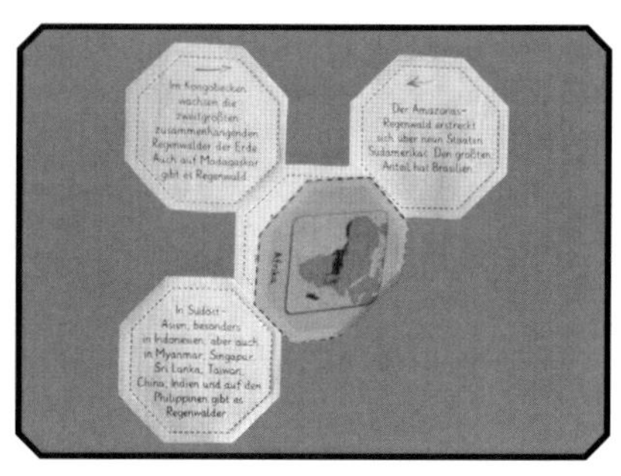

In Südost-Asien, besonders in Indonesien, aber auch in Myanmar, Singapur, Sri Lanka, Taiwan, China, Indien und auf den Philippinen gibt es Regenwälder.

Im Kongobecken wachsen die zweitgrößten zusammenhängenden Regenwälder der Erde. Auch auf Madagaskar gibt es Regenwald.

Der tropische Regenwald liegt rund um den Äquator. Dort herrschen hohe Temperaturen und eine hohe Luftfeuchtigkeit.

Nirgendwo auf der Erde gibt es so viele verschiedene Tier- und Pflanzenarten wie in den Regenwäldern.

Der Amazonas-Regenwald erstreckt sich über neun Staaten Südamerikas. Den größten Anteil hat Brasilien.

Diesen Text in die Mitte kleben.

KOHL VERLAG
Lapbooks Natur und Lebensraum
Naturwissenschaftliche Themen kreativ erarbeiten – Bestell-Nr. 12 880

Wo gibt es Regenwälder?

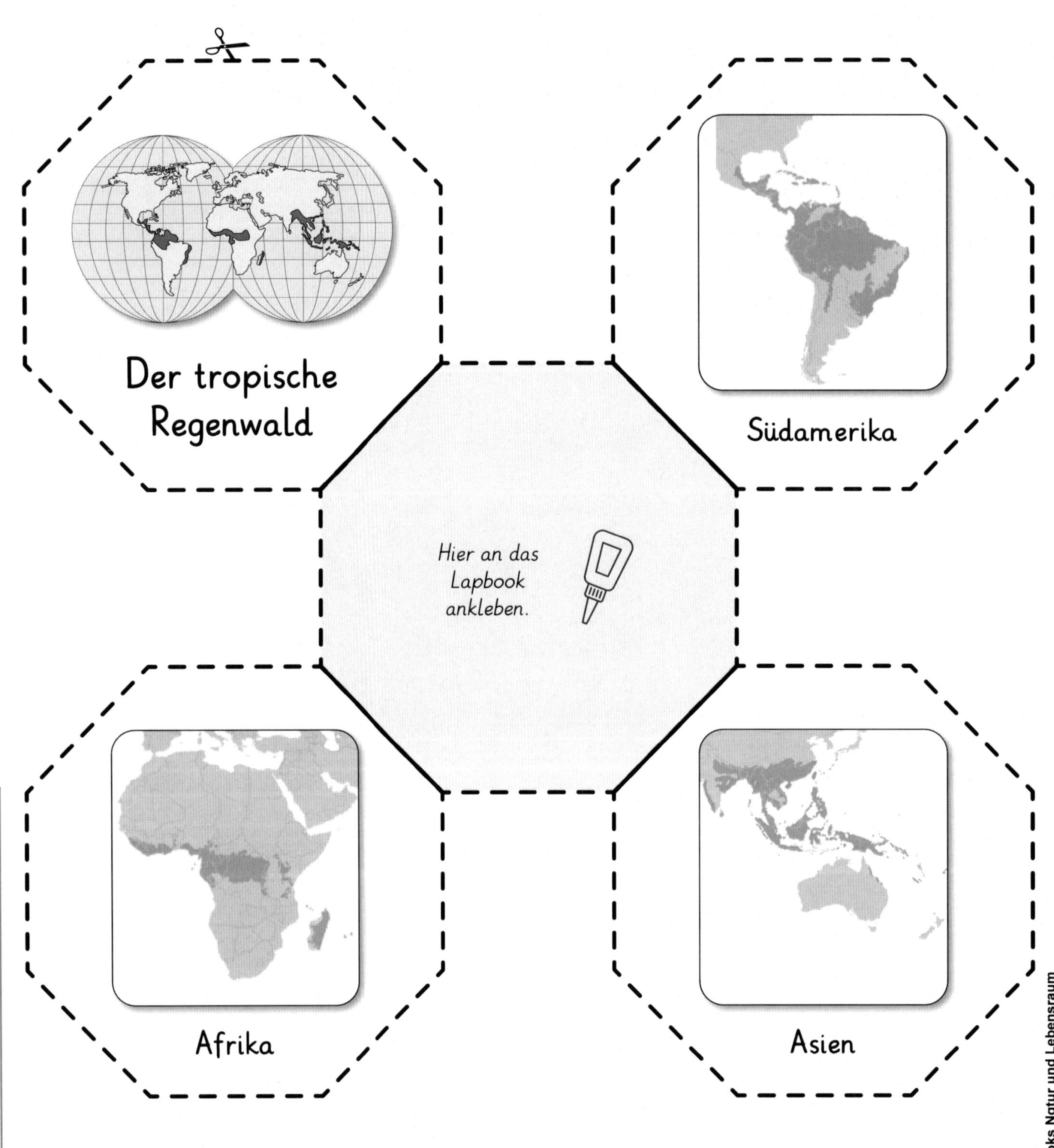

KOHL VERLAG Lernen mit Erfolg
Lapbooks Natur und Lebensraum
Naturwissenschaftliche Themen kreativ erarbeiten – Bestell-Nr. 12 880

Der Aufbau des Regenwaldes

1. die **Bodenschicht**, die aus den Wurzeln der Pflanzen und einer dünnen Erdschicht besteht
2. die **Krautschicht**, in der Moose und Farne, die wenig Licht brauchen, wachsen
3. die **Strauchschicht** bis zur Höhe von etwa 5 m, zu der auch junge Bäume zählen
4. die **Kronenschicht** in ca. 40 m Höhe
5. die „**Baumriesen**", die vereinzelt bis in ca. 60 m Höhe über das Kronendach hinausragen

Schreibe die dick gedruckten Begriffe auf die Zeilen in dem Heftchen. Schneide es aus und klebe es an dein Lapbook. Vorne drauf kannst du ein Bild vom Regenwald malen oder aufkleben.

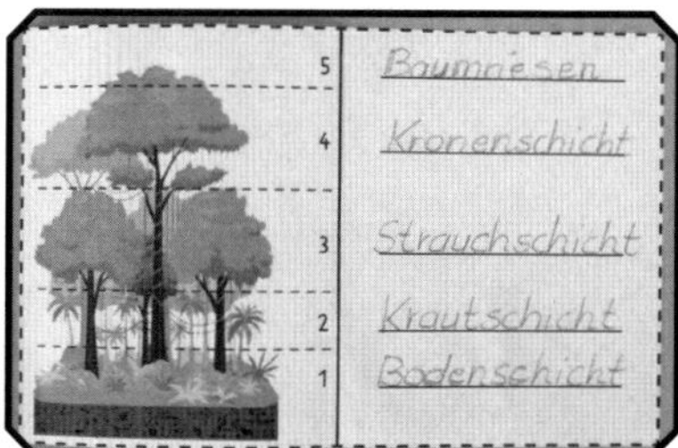

5 ____________________

4 ____________________

3 ____________________

2 ____________________

1 ____________________

Linie nach hinten knicken

Die Rückseite dieses Feldes an dein Lapbook kleben.

Lapbooks Natur und Lebensraum
Naturwissenschaftliche Themen kreativ erarbeiten – Bestell-Nr. 12 880
KOHL VERLAG

Tiere im Regenwald

Der Regenwald beherbergt eine unglaubliche Vielfalt an Tierarten, die alle an das feuchte und warme Klima des Regenwaldes angepasst sind:

- fliegende Tiere: Fledermäuse, Vögel (Papageien und Tukane), Insekten
- Klettertiere: Affen (Orang-Utans, Gorillas), Flughörnchen, Baumfrösche
- Zwergformen: Zwergantilope, Zwergelefant, Waldgiraffe (Okapi)
- Raubtiere wie Jaguare und Ozelots
- Reptilien wie Krokodile und Schlangen (Boas)
- Amphibien: Frösche, Kröten, Salamander

Schneide die Form auf der nächsten Seite und die Kärtchen unten aus. Klebe die Kärtchen an die richtige Stelle auf dem Pfeil. In jede Spalte gehören 2 Tiere. Falte ihn dann wie eine Ziehharmonika und klebe ihn in dein Lapbook.

KOHL VERLAG Lapbooks Natur und Lebensraum
Naturwissenschaftliche Themen kreativ erarbeiten – Bestell-Nr. 12 880

Tiere im Regenwald

Tiere im Regenwald

Fliegende Tiere

Klettertiere

Zwergformen

Raubtiere

Reptilien

Amphibien

Die Rückseite dieses Feldes an dein Lapbook kleben.

Lapbooks Natur und Lebensraum
Naturwissenschaftliche Themen kreativ erarbeiten – Bestell-Nr. 12 880
KOHL VERLAG

Lapbook
Ozeane, Meere, Seen und Flüsse

Name: ______________________________

KOHL VERLAG
Lapbooks Natur und Lebensraum
Naturwissenschaftliche Themen kreativ erarbeiten – Bestell-Nr. 12 880

Die drei großen Ozeane

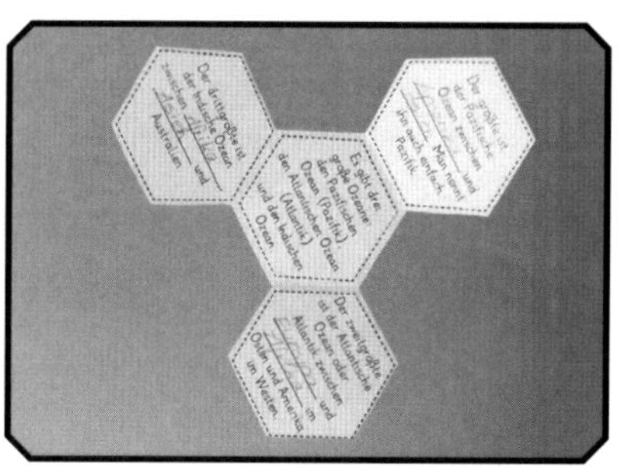

Schneide die Kärtchen und die Form auf der nächsten Seite aus. Schau auf eine Weltkarte und ergänze die fehlenden Wörter im Text. Klebe dann die Kärtchen hinter die Bilder.

Der größte ist der Pazifische Ozean zwischen ______________ und __________. Man nennt ihn auch einfach Pazifik.

Der zweitgrößte ist der Atlantische Ozean oder Atlantik zwischen ______________ und ______________ im Osten und Amerika im Westen.

Der drittgrößte ist der Indische Ozean zwischen ______________, ______________ und Australien.

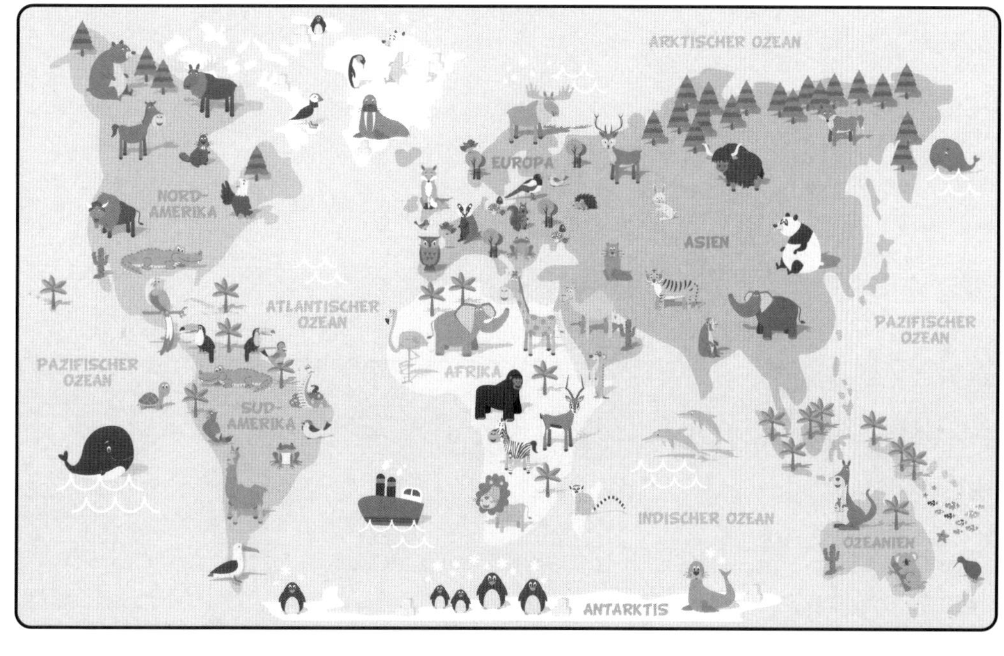

KOHL VERLAG
Lapbooks Natur und Lebensraum
Naturwissenschaftliche Themen kreativ erarbeiten – Bestell-Nr. 12 880

Die drei großen Ozeane

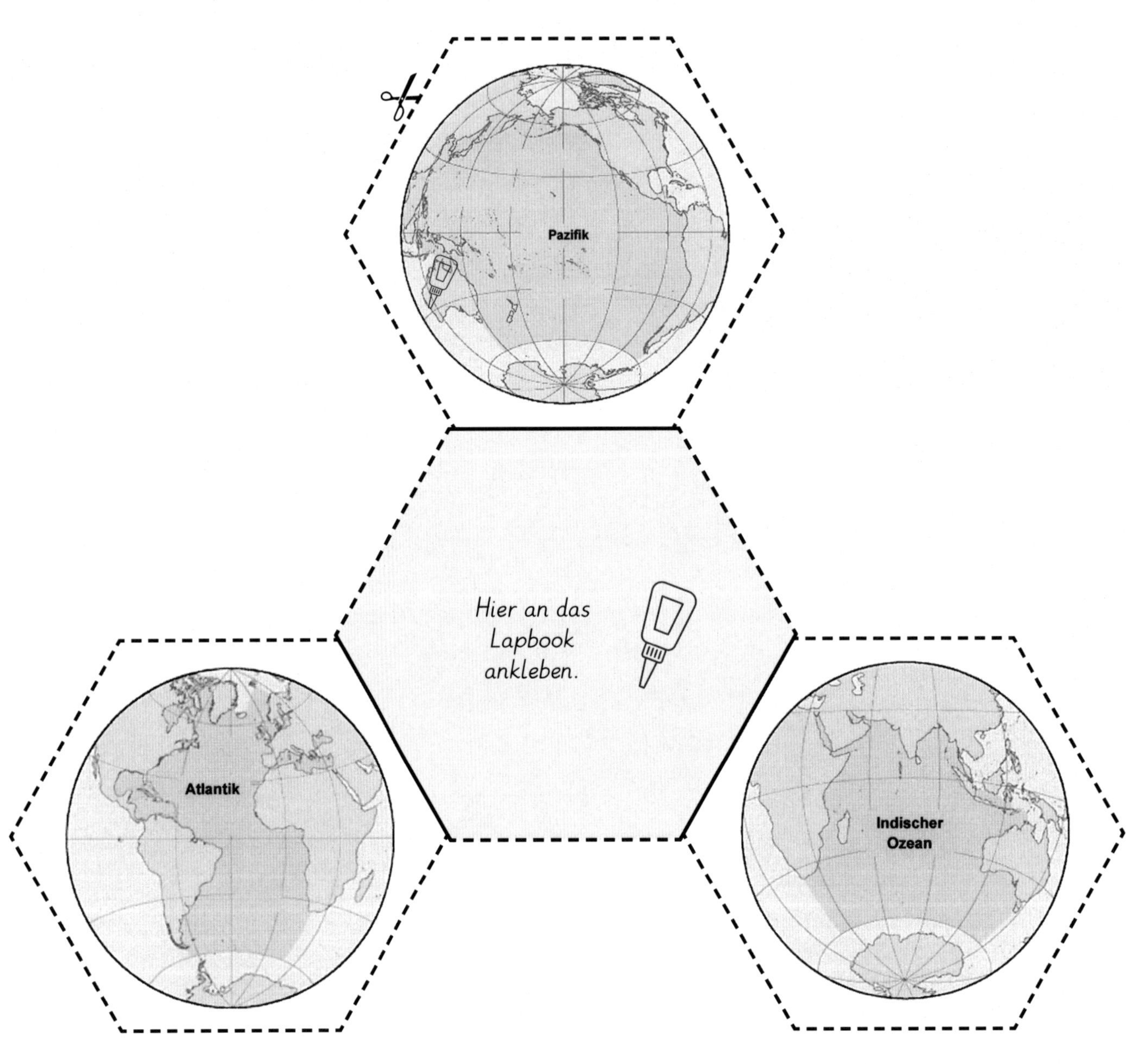

Es gibt drei große Ozeane: den Pazifischen Ozean (Pazifik), den Atlantischen Ozean (Atlantik) und den Indischen Ozean.

Dieses Kärtchen klebst du in die Mitte.

Lösungen:
Amerika, Asien
Europa, Afrika
Afrika, Asien

KOHL VERLAG
Lapbooks Natur und Lebensraum
Naturwissenschaftliche Themen kreativ erarbeiten – Bestell-Nr. 12 880

Noch mehr Ozeane ...

Manchmal werden auch 5 Ozeane genannt. Dann zählen diese noch dazu: Der Antarktische und der Arktische Ozean.

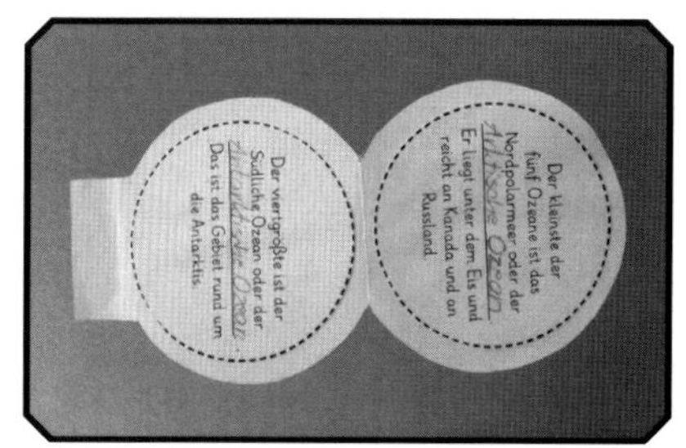

Schneide die Kärtchen und die Form aus. Ergänze die Texte und klebe sie passend hinter die Karten. Klebe das Mäppchen in dein Lapbook.

Hier an das Lapbook kleben.

Linie nach vorne knicken.

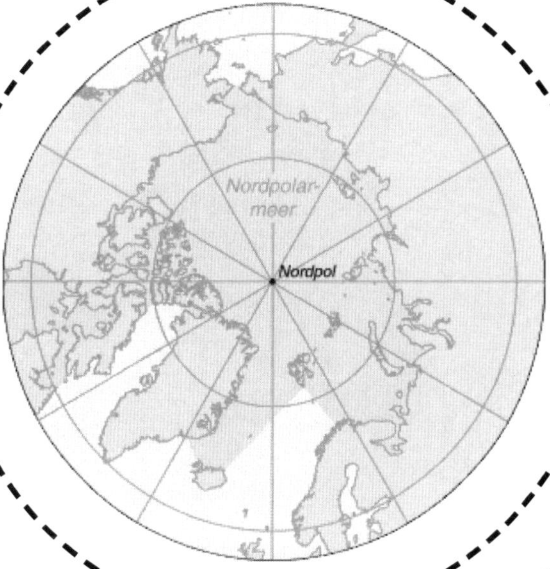

Nordpolarmeer

Nordpol

Linie nach vorne knicken.

Südlicher Ozean

Süpdpol

Südlicher Ozean

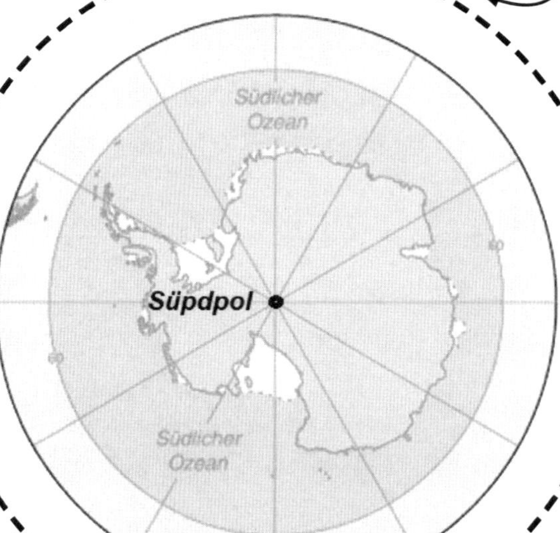

Der viertgrößte ist der Südliche Ozean oder der

____________________.

Das ist das Gebiet rund um die Antarktis.

Der kleinste der fünf Ozeane ist das Nordpolarmeer oder der

____________________.

Er liegt unter dem Eis und reicht an Kanada und an Russland.

Lösungen:
Antarktischer Ozean
Arktischer Ozean.

KOHL VERLAG
Lapbooks Natur und Lebensraum
Naturwissenschaftliche Themen kreativ erarbeiten – Bestell-Nr. 12 880

Die Ozeane haben viele Nebenmeere

Die Nebenmeere sind mit den Ozeanen verbunden.

Schneide die Texte auf dieser Seite und die Kärtchen auf der nächsten Seite aus. Klebe die Texte hinter die richtige Karte und hefte sie an den grauen Feldern zusammen. Mit dem letzten grauen Feld kannst du sie an dein Lapbook kleben.

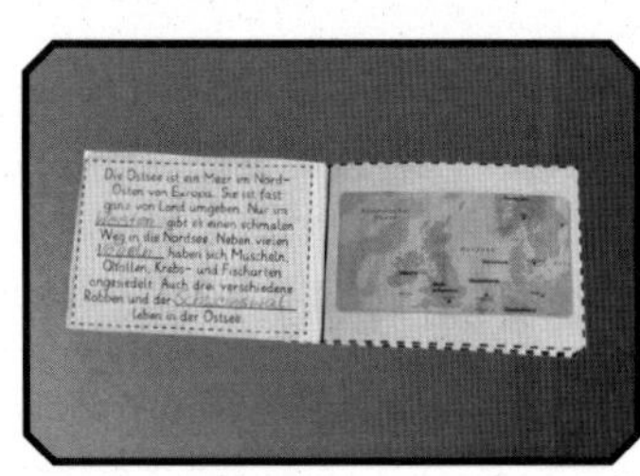

Die Ostsee ist ein Meer im Nordosten von Europa. Sie ist fast ganz von Land umgeben. Nur im __________ gibt es einen schmalen Weg in die Nordsee. Neben vielen __________ haben sich Muscheln, Quallen, Krebs- und Fischarten angesiedelt. Auch drei verschiedene Robben und der __________________ leben in der Ostsee.

Die Nordsee liegt zwischen Großbritannien, Belgien, Niederlanden, ________________ und Dänemark. In der Nordsee leben __________, Kabeljau, Schollen; dazu sind der Seehund und der Schweinswal vertreten. Krabben, Garnelen und Hummer, Seeskorpion und ____________ sind hier auch zuhause.

Das Schwarze Meer liegt zwischen Europa und __________. Es ist etwa so groß wie die Nordsee. Durch die Meerenge des Bosporus ist das Schwarze Meer im Südwesten mit dem __________________ verbunden. Hier gibt es ___________, Seepferdchen und Delfine wie den Großen Tümmler. Er ist allerdings stark bedroht.

Das Mittelmeer liegt zwischen Europa, __________ und Asien. Im Westen ist es mit dem Atlantik verbunden, im Nordosten mit dem ________________ und im Südosten mit dem Roten Meer. Es gibt über 700 Fischarten, z. B. Schwertfische oder Barsche, Weiße ________ und sogar Wale, dazu Schwämme oder Krebse.

Die Karibik ist ein Teil von ____________________. Das Klima ist tropisch, also das ganze Jahr über feucht und warm. Man kann neben Raubkatzen und Meeresschildkröten auch ______________ beobachten, die zu den seltensten Tieren der Welt gehören. In den geschützten Salzseen auf Bonaire leben wilde ______________.

Lösungen:
Ostsee: Westen, Vögeln, Schweinswal
Nordsee: Deutschland, Heringe, Quallen
Schwarzes Meer: Asien, Mittelmeer, Robben
Karibik: Mittelamerika, Seekühe, Flamingos
Mittelmeer: Afrika, Schwarzen Meer, Haie

KOHL VERLAG Lernen mit Erfolg
Lapbooks Natur und Lebensraum
Naturwissenschaftliche Themen kreativ erarbeiten – Bestell-Nr. 12 880

Die Ozeane haben viele Nebenmeere

Die Ozeane haben viele Nebenmeere

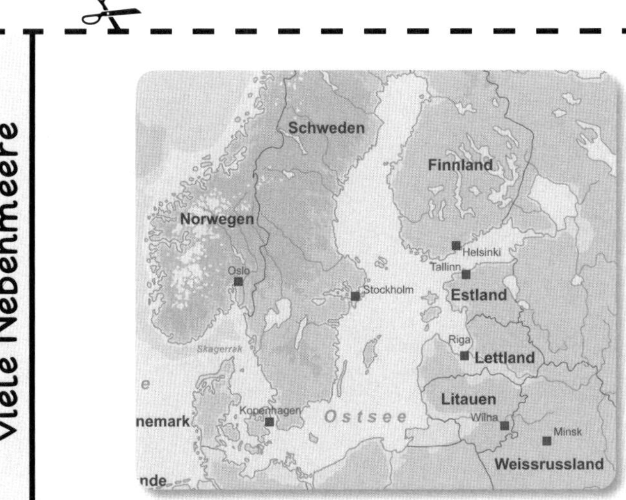

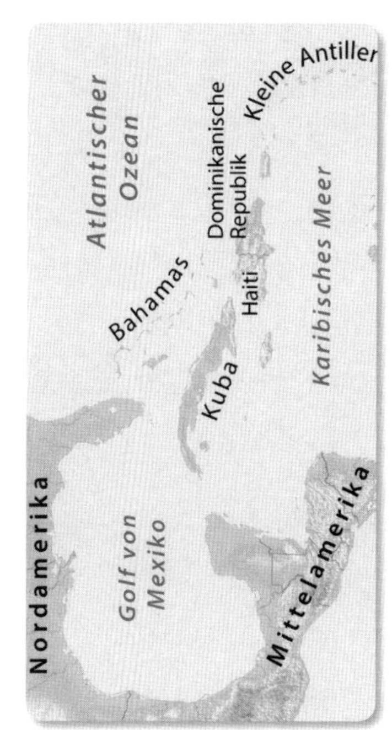

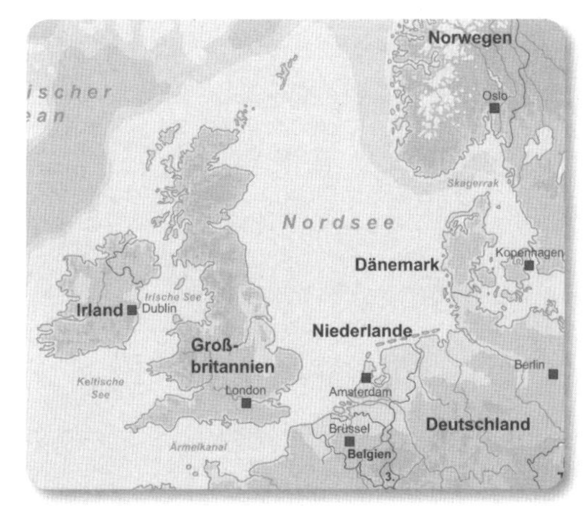

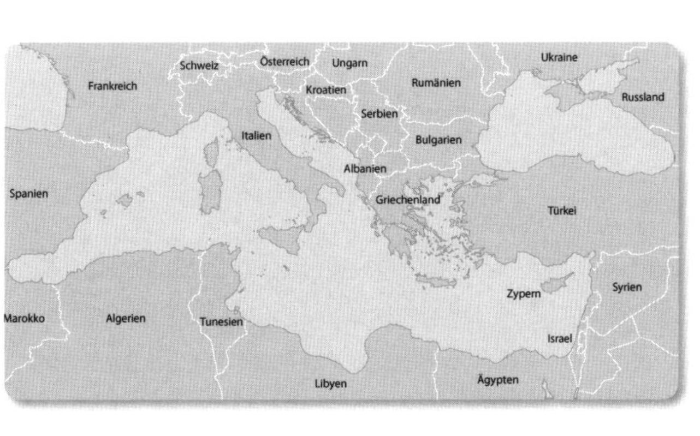

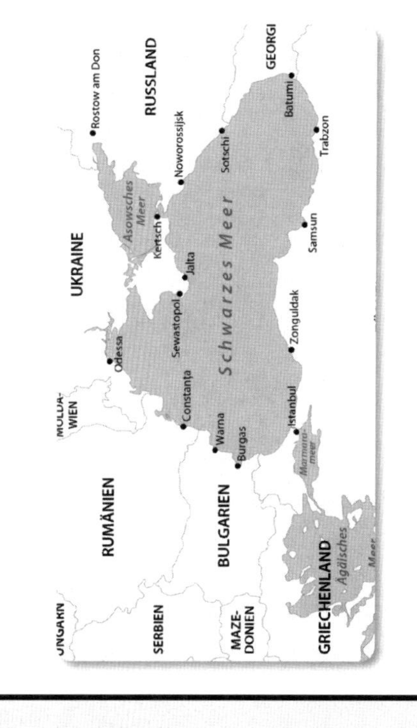

Die Rückseite dieses Feldes an dein Lapbook kleben.

Lapbooks Natur und Lebensraum
Naturwissenschaftliche Themen kreativ erarbeiten – Bestell-Nr. 12 880
KOHL VERLAG

Der Weg eines Flusses

Flüsse unterteilt man in Quelle, Oberlauf, Mittellauf, Unterlauf und Mündung.

Schneide die Kärtchen und das Leporello auf der nächsten Seite aus. Klebe die Texte hinter die richtigen Bilder. Falte den Pfeil wie eine Ziehharmonika und klebe ihn in dein Lapbook.

1. Im Mittellauf wird der Bach breiter und fließt nicht mehr so schnell. Er wird zum Fluss. Er ist breiter als fünf Meter.

2. Als Oberlauf bezeichnet man den Teil eines Flusses oder Baches in der Nähe der Quelle. Der Boden ist noch steinig.

3. Die Mündung ist das Einfließen des Flusses in einen anderen Fluss oder ins Meer.

4. Regenwasser sickert in den Boden. Bei einer Quelle kommt dieses Grundwasser aus der Erde an die Oberfläche.

5. Auf den Mittellauf folgt der Unterlauf. Die Wassermenge nimmt noch einmal deutlich zu. Das Wasser ist trübe.

Lösungen:
Die richtige Reihenfolge ist
4., 2., 1., 5., 3.

KOHL VERLAG Lernen mit Erfolg
Lapbooks Natur und Lebensraum
Naturwissenschaftliche Themen kreativ erarbeiten – Bestell-Nr. 12 880

Der Weg eines Flusses

Der Weg eines Flusses

Die Rückseite dieses Feldes an dein Lapbook kleben.

Lapbooks Natur und Lebensraum
Naturwissenschaftliche Themen kreativ erarbeiten – Bestell-Nr. 12 880
KOHL VERLAG

Die längsten Flüsse der Erde

Schneide das Mäppchen und die beiden Texte aus. Knicke es an den durchgezogenen Linien nach hinten und klebe die Texte auf – wenn du sie ergänzt hast. Klebe das Mäppchen in dein Lapbook.
In die Mitte des Mäppchens kannst du weitere Bilder einfügen, entweder die hier unten auf dieser Seite oder eigene.

Der **Amazonas** in ______________ wird von vielen kleinen Flüssen gespeist. Sie entspringen oft in den ______________. Hier fließt mehr Wasser als in jedem Fluss der Welt. Im Fluss leben ______________, die bedrohten Manatis (Seekühe) und der Amazonasdelfin.

Der **Nil** ist ein  ______________ in Afrika. Wo es selten regnete, ernährte der Nil das Land. Er bot Wasser und damit Nahrung und war auch der wichtigste ______________.

An seinem Oberlauf wachsen ______________. Hier leben viele Tiere – wie Schimpansen, Flusspferde.

Lösungen:
Südamerika, Anden, Piranhas
Fluss, Verkehrsweg, Regenwälder

KOHL VERLAG Lapbooks Natur und Lebensraum Naturwissenschaftliche Themen kreativ erarbeiten – Bestell-Nr. 12 880

Die längsten Flüsse der Erde

Nil

Hier an das Lapbook ankleben.

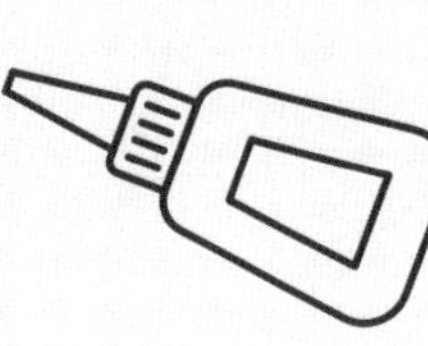

Amazonas

Tiere am und im Wasser

Schneide die Texte und die Form auf der nächsten Seite aus. Klebe die Kärtchen hinter die richtigen Bilder. Schneide die Form ein wie angegeben und falte sie zusammen. Dann kannst du sie an dein Lapbook kleben.

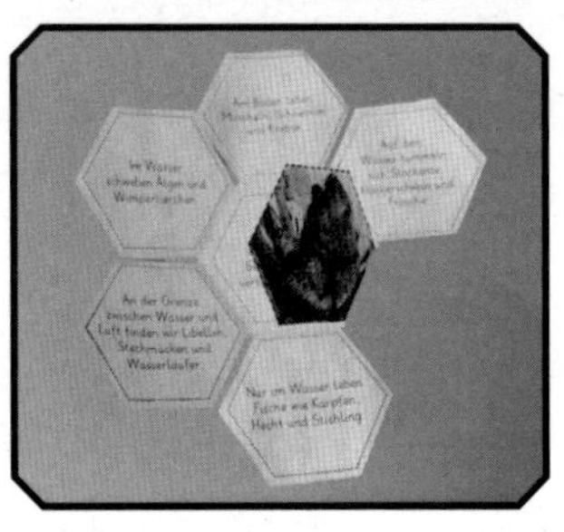

Am Boden leben Muscheln, Schnecken und Krebse.

Am See wohnen Biber, Fischotter und der Bisam.

Auf dem Wasser tummeln sich Stockente, Höckerschwan und Frösche.

Im Wasser schweben Algen und Wimpertierchen.

An der Grenze zwischen Wasser und Luft finden wir Libellen, Stechmücken und Wasserläufer.

Nur im Wasser leben Fische wie Karpfen, Hecht und Stichling.

KOHL VERLAG Lernen mit Erfolg
Lapbooks Natur und Lebensraum
Naturwissenschaftliche Themen kreativ erarbeiten – Bestell-Nr. 12 880

Tiere am und im Wasser

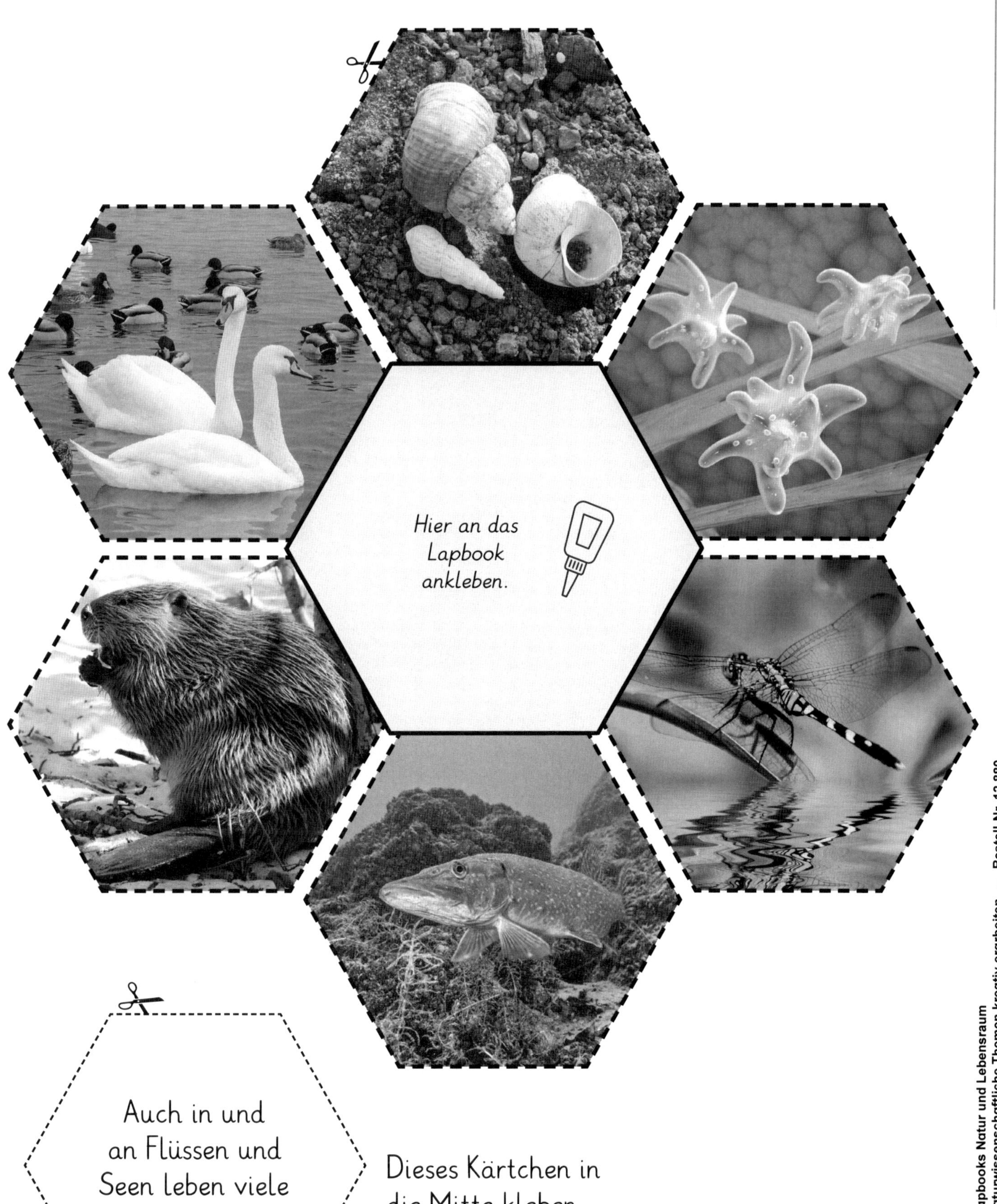

Auch in und
an Flüssen und
Seen leben viele
verschiedene Tiere.

Dieses Kärtchen in
die Mitte kleben.

Lapbooks Natur und Lebensraum
Naturwissenschaftliche Themen kreativ erarbeiten – Bestell-Nr. 12 880
KOHL VERLAG

Tiere und Pflanzen am und im Wasser

Schneide die beiden Bilder aus. Finde die Tiere und Pflanzen im Bild. Notiert die richtige Zahl aus dem Bild unten dazu. Klebe das untere Bild hinter das obere und klebe es mit der Rückseite des grauen Feldes in dein Lapbook.

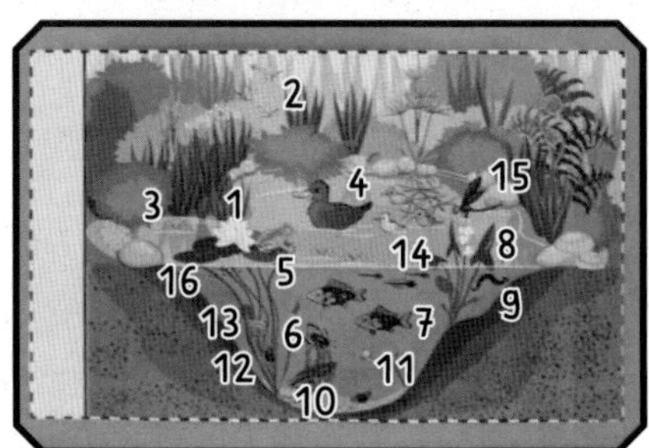

Lapbooks Natur und Lebensraum
Naturwissenschaftliche Themen kreativ erarbeiten – Bestell-Nr. 12 880
KOHL VERLAG

Überblick über die verschiedenen Lapbooks

Die Polarregionen – Arktis und Antarktis

Wüsten, Steppen und Savannen

Lapbooks Natur und Lebensraum
Naturwissenschaftliche Themen kreativ erarbeiten – Bestell-Nr. 12 880
KOHL VERLAG

Überblick über die verschiedenen Lapbooks

Wälder und Regenwälder

Ozeane, Meere, Seen und Flüsse

KOHL VERLAG Lapbooks Natur und Lebensraum
Naturwissenschaftliche Themen kreativ erarbeiten – Bestell-Nr. 12 880